JN123987

令和5年版

再確認！自分で「チェック」しておきたい 消費税の実務

税理士 熊王 征秀 著

インボイス制度をわかりやすく解説！

一般財団法人　大蔵財務協会

令和5年版の発行にあたって

　消費税法が施行されて34年が経過しましたが、いまだに消費税を苦手とする実務家は存外に多いようです。会計事務所や一般企業での実務経験が十何年というベテランの方でも、「消費税はちょっと…」という声をよく耳にします。

　本書は、週刊「税のしるべ」に連載したコラムに加筆改訂をして、平成24年1月に初版を発行しました。堅苦しい税法用語や小難しい表現は避け、なるべく平淡で分かりやすい文章を心がけたつもりです。また、各ブロックごとにイラストをあしらって、視覚により内容がイメージできるように工夫しました。

　本書の発刊後、税制改正などに合わせて追加連載と改訂を重ね、この度、めでたく七訂版を発刊することとなったものです。七訂版では、令和5年10月からスタートしたインボイス制度について、注意しなければいけないことや実務上のポイントなどについて追加掲載しました。

　また、令和2年度改正で創設された居住用賃貸建物に対する仕入税額控除の制限をはじめ、導入からはや4年が経過した軽減税率制度についても、対象品目の線引きや実務上の問題点などを皮肉ったコラムを掲載しています。

　仕事も勉強もそうですが、「まずは好きになること！」これが一番重要です。

　イラストでイマジネーションを高めてください。イラストを楽しみながら、楽しく消費税を理解して頂けたらうれしく思います。

令和5年10月

熊王　征秀

もくじ

インボイス制度編

軽減税率制度編

仕入税額控除編（Part 1）

仕入税額控除編（Part 2）

オマケ編

カバーデザイン、本文イラスト／渡辺正義

【凡 例】

本書では、以下の略称を使用しています。

・軽減税率Q＆A（制度概要編）……消費税の軽減税率制度に関するQ＆A（制度概要編）—国税庁消費税軽減税率制度対応室（令和2年9月改訂）

・軽減税率Q＆A（個別事例編）……消費税の軽減税率制度に関するQ＆A（個別事例編）—国税庁消費税軽減税率制度対応室（令和2年9月改訂）

・インボイスQ＆A…………消費税の仕入税額控除制度における適格請求書等保存方式に関するQ＆A—国税庁消費税軽減税率制度対応室（令和5年4月改訂）

・消法………………………消費税法

・消令………………………消費税法施行令

・消規………………………消費税法施行規則

・消基通……………………消費税法基本通達

・措法………………………租税特別措置法

・国通………………………国税通則法

インボイス制度編

　ついに始まった日本型インボイス制度。さて、準備のほどはいかほどに…。

1 インボイスの導入で何が変わる？

とある会社の経理部での会話です。

A子さん　いよいよインボイス制度が始まりましたけど、何だか大変なことになりそうでとても不安なんです…。

Bくん　そんなに大袈裟に考えなくてもいいみたいだよ。昨年KUMAO−先生のセミナーを聴講したんだけど、先生は「いま使っている領収証や請求書に毛の生えた程度のものです。気楽に考えてください」って言っていた。だから僕も気楽に考えることにしているんだ。

A子さん　本当に大丈夫なんですか？　KUMAO−先生ってなんかお気楽なイメージがあって、私信用できないんです…。

Bくん　コロナの影響もあるだろうけれども、インボイス制度については誤解されている面が多いような気がするんだ。KUMAO−先生の話によると、日本型インボイスは、EU型インボイスと比較してみても記載事項が少なく、また、一定期間中の取引についてのまとめ発行ができるなど、制度はさほど煩雑なものではないらしい。事前に準備さえしていけば、世間で大騒ぎしているような厄介な代物ではないとも言っていた。

A子さん　我が社でも登録申請を終わらせて、昨年の10月から領収証や請求書に登録番号を記載してますものね。面倒なのは受領した領収証や請求書の登録番号の確認ですね。慣れるまでは暫く大

変そうだけど頑張らなくちゃ！

　インボイスには、税率ごとの消費税額と登録番号を記載すること
が義務付けられています。ただし、飲食代や小売業・タクシーのレ
シートなど（簡易インボイス）については、税率と消費税額のどち
らかを記載すればよいことになっています。すでに税率や消費税額
が記載されている領収書や請求書であれば、登録番号だけ追加すれ
ばいいわけですから、インボイスといってもそんなに大袈裟なもの
ではないのです。あまり心配はせずに、準備を進めていただければ
よいと思います。

　なお、インボイス制度の導入に伴い、仕入税額控除の要件も変わ
りました。令和5年10月以降は、3万円未満の交通費や通勤手当な

請　求　書

令和○年 11 月 30 日

㈱○○御中

11 月分　131,200 円（税込）

日付	品名	金額
11/1	小麦粉※	5,000 円
11/2	キッチンペーパー	2,000 円
︙	︙	︙
	合計	120,000 円
	消費税	11,200 円

（10%対象　80,000 円　消費税 8,000 円）
（8%対象　40,000 円　消費税 3,200 円）

※は軽減税率対象品目

△△商事㈱　　登録番号T-XXXXXXXX

税率ごとの消費税額　　　　　　登録番号

どの一部の例外を除き、原則としてインボイスの保存が仕入税額控除の要件となります。よって、インボイスを受領する事業者サイドでは、登録番号などの法定事項が記載されているインボイスを保存しなければ仕入税額控除ができないこととなりますのでご注意ください。

2　登録番号

A子さん　インボイスに記載する13桁の「登録番号」は、数字のアタマに「T」を付けることになってますよね。これって何の略なんですか？

Bくん　ＴＡＸの「T」じゃないの？

A子さん　「登録」あるいは「適格請求書」の「T」かもしれませんよ。

Bくん　「とっても大変」の「T」ってのはどう（笑）

A子さん　インボイスの登録申請をすると大体どれ位で申請が下りるんですか？

Bくん　国税庁ホームページのインボイス制度特設サイトに登録申請をしてから通知があるまでの「目安」が表示されている。確かインボイス制度が始まる直前の令和5年9月末時点でe-Taxによる申請は1か月、書面による申請は1か月半となっていた。これって遠回しに「電子で申請しろ」って言ってるんだろうね。

A子さん　電子申請のほうが処理する側も手間がかからないんでしょう…。デジタル庁もできたことだし、時代は正にＩＴ化の推進に向けて突き進んでいるところです。ゆくゆくは、電子申請が当たり前の時代になるんでしょうね。

　ところで、登録申請というのは税金を滞納してたりすると却下されることもあるんですか？

Bくん　消費税法違反で罰金刑とか受けていなければ、税金を滞納している程度だったら大丈夫みたいだよ。だからあらかたの事業者は登録を受けることができるみたいだね。

A子さん　登録申請書は税務署に提出すればいいんですよね？

Bくん　当社は電子で申請したからいいけれども、書面で申請するときは、申請書の提出先は税務署じゃないんだ。新設された「インボイス登録センター」というところに郵送することになっている。

A子さん　受け取ったインボイスが本物かどうかって事は何かで確認できるんですか？

Bくん　国税庁のホームページに「適格請求書発行事業者公表サイト」というのがあって、ここに13桁の番号を打ち込むと、相手の会社名や本店所在地が確認できることになっているんだ。

Ａ子さん　打ち込んで何も出てこなかったらニセモノということに

なるんでしょうか…？

Ｂくん　13桁の番号だから打ち間違ってる可能性も考えられる。通

販で商品を注文するときのメールアドレスじゃないけれども、何

も出てこなかったらもう一度ゆっくり打ってみて、それでも出て

こなかったら、まずは相手先に電話して確認してみる必要があり

そうだ。

　ご新規の取引先は登録番号を照会した上で、登録してるかどう

かを事前に確認しておいた方がいいかもしれないね。

　登録番号は、法人番号を有する法人と、法人番号のない個人事業

者・人格のない社団等に区分して決められています。記載例として

は「T1234567890123」あるいは「T-1234567890123」といったよう

な表記方法が想定されます。

　個人事業者は登録申請書を提出しても氏名しか公表されません。

よって、個人事業者が屋号や事務所等の所在地を公表（追加）した

い場合には、「適格請求書発行事業者の公表事項の公表（変更）申

出書」という名称の書類を提出する必要があります。

　登録できる屋号や事務所等の所在地は、任意の一つ又は一箇所と

されていますので、複数のコンビニを経営しているような個人事業

者はいささか使い勝手が悪いような気がしています。

3 少額特例

A子さん 改正で少額な経費はインボイスを保存しなくていいことになったんですってね？

Bくん 税理士の先生方が財務省と交渉して認めてもらったみたいだね。ただ、売上規模が1億円以下でないと適用できないということだから、残念ながらうちの会社は関係ないみたいだね（笑）

A子さん （がっかりしながら）なーんだ。期待して損しちゃった…。

Bくん 俗に「少額特例」というらしいんだけど、この改正で実務がとても面倒になったと文句を言ってる人もいるみたいだよ。

A子さん どういうことですか？

Bくん まず、1万円という金額制限があるということだ。インボイスの時代になったら、基本は登録番号の記載されているインボイスと登録番号のない、要は免税事業者などから受領した領収証などに分類して処理することになる。

A子さん 登録番号のない領収証は80％だけ控除できるんで別管理する必要があるということですね。

Bくん これだけでも相当に大変な作業なのに、今度はこの登録番号のない領収証を1万円未満かどうかでもう一度振り分けなければいけないことになる。

A子さん 領収証に税抜金額が書いてなかったら、110分の100とか

掛けて税抜きにしてから判定しないといけないんですか？

Bくん　消費税込みの支払金額や請求金額で1万円と比較判定するんで、税抜き計算は必要ないらしい。あと、単価じゃなくて、取引単位で判定することになっていることにも注意する必要がありそうだ。

A子さん　5,000円の商品と7,000円の商品を同時に買ったら1万円以上になるから少額特例は使えないけれども、別の日に買った場合にはOKということですか？

Bくん　変な話だけれどもそういうことになるみたいだね。国税庁のインボイスQ＆Aの問109の例にもズバリ書いてある。

A子さん　（国税庁のQ＆Aを見ながら）1回8,000円のクリーニングを、日にちをずらしてクリーニング屋さんに持ち込めばインボイスはいらない。月額100,000円の清掃業務は、稼働日数が12日

だからといって、1日当たりの金額で判定してはいけないということか…（感心しながら）少額特例って奥が深いんですね。

Bくん　（笑いながら）奥が深いというか、なんともコメントのしようがない制度だね。

A子さん　帳簿の記載だけで仕入税額控除ができるんだったら、いっそのこと、1万円未満の領収証は全部捨ててしまえばいいと思いませんか？

Bくん　（呆れながら）法人税の調査や会計監査があったときにどうするの？　実務では消費税だけじゃなくて、すべての税目と会計、会社法などのことも考えておかないとダメなんだ。

ポイント

　基準期間における課税売上高が1億円以下又は特定期間中の課税売上高が5,000万円以下の事業者は、令和5年10月1日から令和11年9月30日までの期間限定で「少額特例」の適用を受けることができます。この制度は、固定資産の譲渡など、臨時の課税売上高が発生したことにより一時的に基準期間における課税売上高が増加した場合に備え、特定期間中の課税売上高により判定することも認めたものと思われます。よって、基準期間における課税売上高が1億円を超えていても、特定期間中の課税売上高が5,000万円以下であれば適用することができますが、特定期間中の課税売上高に代えて給与等の支払額を用いることはできません。

㊟　納税義務の判定では、特定期間中の課税売上高に代えて給与等の支払額によることが認められています。

　少額特例は課税期間単位ではなく、令和 5 年10月 1 日から令和11年 9 月30日までの期間限定で適用が認められています。よって、個人事業者の令和11年の取引であれば、 1 月 1 日から 9 月30日までの間は少額特例が適用できるのに対し、10月 1 日以降の取引については、たとえ 1 万円未満の経費でも原則としてインボイスの保存が必要となるのでご注意ください（インボイスＱ＆Ａ問108・109）。

4　振込手数料

A子さん　振込手数料のインボイスの交付を省略できることになったみたいですね。

Bくん　220円や440円の返還インボイスの発行なんぞ、面倒くさくてやってられるか！って思ってたところだから、この改正は正直言って実にありがたい！

A子さん　中小企業だけじゃなくて、当社のような上場会社も発行しなくていいんですか？

Bくん　規模の要件はないみたいだね。あと、期間の限定もないので永久に返還インボイスの発行はいらないことになるみたいだ。

A子さん　税込金額で1万円未満という要件がありますが、振込手数料で1万円以上というのはあり得ないから心配する必要はないですね。

Bくん　しかも会計処理も気にしなくていいという財務省のお墨付きがあるらしいんだ。当社は負担する振込手数料を「支払手数料」勘定で処理してるけれども、勘定科目はこのままで、消費税の入力コードだけを売上のマイナスにすることができる。財務省も粋なことをするもんだ（笑）

令和5年度改正では、売上げに係る対価の返還等をした場合にお

22

いて、その税込価額が1万円未満の場合には、適格返還請求書の交付義務を免除することとしました。

＜適格返還請求書＞

　返品や値引きなどに伴い、売上代金の返金や売掛金の減額（売上げに係る対価の返還等）をした場合には、取引先に対して「適格返還請求書」の交付が義務づけられています。

※　取引先は、受領したインボイスに記載された税額から「適格返還請求書」に記載された税額を控除して仕入税額を計算します。

　「売上げに係る対価の返還等」には、課税売上げに対する返品や値引、割戻金だけでなく、売上割引や販売奨励金、協同組合が組合員に支払う事業分量配当金も含まれます。

　売掛金を期日前に回収したことにより取引先に支払う売上割引は、会計の世界では支払利息と認識しますが、消費税の世界では売上げのマイナス科目として処理することになります。また、金銭により取引先に支払う販売奨励金は課税仕入れではなく、売上げのマイナス項目となることに注意してください。

　適格請求書と適格返還請求書は一の書類により交付することができます。また、税抜（税込）取引金額と消費税額についても相殺後の差額を記載することができます。

＜振込手数料の取扱い＞

○　売手負担の振込手数料を売上値引として処理した場合

　振込手数料の金額（税込）が1万円未満の場合には、適格返還請求書の交付義務が免除されます。

○　売手負担の振込手数料を支払手数料として処理した場合（その1）

　売手負担の振込手数料を支払手数料として処理するということは、取引先に振込手数料を立て替えてもらったことになります。よって、取引先から立替金精算書と振込手数料のインボイスのコピーを入手して保存する必要があります。

○　売手負担の振込手数料を支払手数料として処理した場合（その2）

　売手負担の振込手数料を支払手数料として処理した場合であっても、消費税法上は「対価の返還等」として取り扱うことが認められ

ています。

　この場合には、その起因となる売上げに適用された税率により「課税売上割合」や「返還等対価に係る税額」を計算することとし、帳簿に法定事項を記載して保存する必要があります。

　また、対価の返還等の元となった適用税率が判然としない場合には合理的に区分する必要があるとともに、その支払手数料として処理した振込手数料を消費税のコード表や消費税申告の際に作成する帳票等により明らかにしておかなければなりません（インボイスＱ＆Ａ問29〜31）。

5 免税事業者の登録（1）

　助さんと角さんは土木工事を専門とする、いわゆる「一人親方」
です。

助さん　昨年元請の現場監督からインボイスの登録をどうすんのか
　聞かれたけど、角さんも何か言われたかい？

角さん　俺は「消費税の申告してますか」って聞かれたんで「した
　ことありません」って答えたんだ。

助さん　売上高が1千万円以下の場合には消費税は払わなくてもい
　いんだろ？　元請から消費税は貰ってるけれども税務署に払った
　ことはただの一度もねえもんな。

角さん　噂によると、免税事業者はインボイスを発行することがで
　きねえから、元請は俺たちに支払う外注費の分だけ納付税額が増
　えることになる。そうすると、俺たちのようにちっぽけなところ
　は仕事が貰えねえということになるらしいんだ。あるいは外注単
　価が消費税相当額だけ引き下げられる可能性もある。

助さん　免税事業者でも登録してインボイスを発行することはでき
　るのかい？

角さん　インボイスを発行するということは、相手に仕入税額控除
　の権利を与えるということだから、免税事業者のままだとそもそ
　も登録申請ができないみたいだぜ。課税事業者になって、消費税
　の申告と納税をしないとインボイスは発行できねえということだ。

助さん 所得税だって毎年嫌々払ってるのに、とどめに消費税も払うなんてことになったらおちおち酒も呑めねえじゃねえか！

角さん よくよく考えてみたんだが、元請から消費税を貰っておきながら納税しないということがそもそもおかしいと思うんだ。消費税を貰ってるんだったら、納税を覚悟の上で、登録してインボイスを発行すればいいんじゃねえか？

ポイント

　インボイスを発行するためには登録が必要です。「適格請求書発行事業者」として登録をしなければインボイスを発行することはできないのです。ただし、免税事業者はインボイスを発行することができません。インボイス制度が導入される前であれば、免税事業者との取引でも仕入税額控除の対象とすることができたのですが、イ

ンボイス制度の導入により、免税事業者からはインボイスが貰えないこととなります。

　インボイスがないと仕入税額控除ができないため、仕入側では納付する税額が増えることになります。結果、免税事業者との取引が減少して、免税事業者は商売ができなくなるかもしれません。よって、取引先からの要請などにより、インボイスの登録申請をする事業者は今後も増加するものと思われます。

　基準期間における課税売上高が1,000万円以下の免税事業者が「適格請求書発行事業者」になるためには、原則として「課税事業者選択届出書」を提出し、課税事業者となったうえで登録申請をする必要があります。また、課税事業者であっても登録をしなければ「適格請求書発行事業者」になることはできませんのでご注意ください。

㊟　e-Taxを利用して登録申請書を提出し、電子での通知を希望した場合には、登録の通知もe-Taxにより行われます（インボイスQ＆A問3）。電子版登録申請書の☑欄にチェックしないと電子による通知ではなく、書面による通知となりますので注意が必要です。

　なお、書面により登録申請書を提出する場合には、書類の郵送先は所轄税務署ではなく、管轄地域の「インボイス登録センター」となります。

6　免税事業者の登録（2）

助さん　下請仲間にインボイスのことをそれとなく相談してみたん
だが、どうも断れない雰囲気みたいだな…。

角さん　登録を拒んだらどうなるんだろう…。「もう来なくてい
い」とか冷たく言われるのかな？　結局のところ、俺たち零細事
業者は、元請けの命令に従って登録するしか生きる術はねえとい
うことだ…。

助さん　「登録申請書」ってのはいつまでに出せばいいんだい？

角さん　いつでもいいみたいだけど、現場監督からは「なるべく早
くに決断を…」とか言われてるみたいだな。俺たちは免税事業者
だから「課税事業者選択届出書」を出してからでないと登録申請
ができないことになっているらしい。

助さん　消費税の還付金を貰うときに必要なのが「課税事業者選択
届出書」だって聞いたことがあるぞ。これを建物などが完成する
年の前年中に出しとかないと還付金が貰えずに大変なことになる
らしいじゃねえか。

角さん　令和6年から適格請求書発行事業者になるためには令和5
年中に「課税事業者選択届出書」を提出する必要があるというこ
とか…。もう間に合わねえじゃねえか！

　そうすると、令和6年中に「課税事業者選択届出書」を提出し
て令和7年から適格請求書発行事業者になるしかねえってことだ

…。現場監督が許してくれっかなぁ…。

　免税事業者がインボイスの登録を受ける場合には、暫くの間、「課税事業者選択届出書」の提出は不要とされています。免税事業者である個人事業者は、登録申請書の「登録希望日」の欄に適格請求書発行事業者になりたい日を記載すれば、「登録希望日」から適格請求書発行事業者になることができます。

　ただし、登録申請書は「登録希望日」の15日前までに提出する必要がありますので、個人事業者が令和7年1月1日を「登録希望日」とする場合には、登録申請書は令和6年12月17日までに提出することになります。

　また、令和7年分の申告について簡易課税制度の適用を受けよう

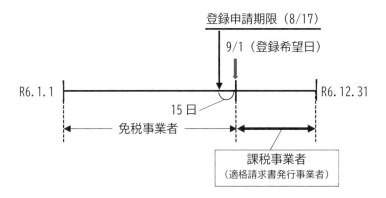

とする場合には、令和7年12月31日までに「簡易課税制度選択届出書」を提出することにより、簡易課税により仕入控除税額を計算することができます。

　つまり、「簡易課税制度選択届出書」は適用を受けようとする課税期間の末日までに提出すればよいということです。

　ところで免税事業者は、令和4年度改正により、登録申請書に「登録希望日」を記載すれば、年又は事業年度の中途から適格請求書発行事業者になることができるようになりました。例えば、個人事業者が令和6年9月1日を「登録希望日」とする場合には、令和6年8月17日までに登録申請書を提出することにより、令和6年9月1日から適格請求書発行事業者になることができます。

　ただし、令和6年9月1日から2年を経過する日（令和8年8月31日）の属する課税期間である令和8年分までは課税事業者として申告義務がありますのでご注意ください。

　なお、実際の登録日が登録希望日後にずれこんだ場合には、その登録希望日に登録を受けたものとみなすこととされていますので、

登録通知を受け取った後に登録番号を取引先に通知すれば、通知前に交付した請求書等はインボイスとしての効力を有することになります（インボイスＱ＆Ａ問８・10)。

7 免税事業者が消費税をもらうことはできるか？

不動産賃貸業を営む大家さん仲間の会話です。

Gさん　インボイスの登録ってのは必ずやらないといけないの？

Hさん　うちはもともと消費税の課税事業者だし、店子から消費税を貰ってるんで昨年中に登録は済ましておいたんだ。登録しとかないと店子は仕入税額控除ができないからね。

Gさん　（言いにくそうに）実は僕は消費税の免税事業者なんだけど、前から駐車場や貸事務所の家賃には消費税を乗っけてるんだ。インボイスの登録をしないと消費税は貰えなくなるのかな…？

Hさん　（嫌みたっぷりに）家主が登録してないと賃借人は仕入税額控除ができないわけだから、登録もしてないくせに外税で消費税を上乗せすることがそもそも間違ってるんじゃないの？。

Gさん　ということは、令和5年10月からは消費税分だけ家賃を値下げしなけりゃいけないって事になるの？家賃はそのまま据え置きにしておいて、文句を言ってきたところだけ値下げするのはダメかな？

Hさん　要は値決めの問題だから、店子が納得するなら幾らにしても構わないと思うよ。ただ、登録しないでおきながら外税で消費税を貰うことには僕は賛成できないね。

ポイント

　インボイスが導入される令和5年9月30日までの間は、免税事業者との取引であっても仕入税額控除の対象とすることができます。こういった理由から、免税事業者が発行する区分記載請求書には、軽減税率の適用対象取引であることと、税率ごとの取引金額を記載することが義務付けられています。

　軽減税率Ｑ＆Ａ（個別事例編）問111には、『…免税事業者は、取引に課される消費税がないことから、請求書等に「消費税額」等を表示して別途消費税相当額等を受け取るといったことは消費税の仕組み上、予定されていません。』との記載がされています。しかし、免税事業者が別途消費税相当額を受け取ることは法令などで禁止されていないため、現実の商取引においては、免税事業者でも外税で

消費税相当額を受領しています。

　免税事業者が消費税相当額を記載した書類を発行することは、法律上禁止されているものではありません。ただ、免税事業者があからさまに外税で消費税相当額を受領することは、商取引として問題があることも事実です。

　Hさんの言うように、本則課税を適用する賃借人は仕入税額控除ができないわけですから、外税で消費税相当額を請求されて文句も言わずにすんなり支払いに応じるとは思えないのです。

　「家賃10万円、消費税等1万円」という表示はダメで、「家賃11万円」という表示は認められるのか…「家賃11万円（消費税等1万円を含む）」という表示はどうなるのか…総額表示義務の具体例のようなものが課税庁から公表されることを期待したいと思います。

　免税事業者である不動産賃貸業者が賃借人から消費税相当額を受領している場合には、インボイスの登録申請をした上で、「2割特例」あるいは簡易課税制度の適用を受けることをお勧めします。不動産賃貸業者の必要経費は固定資産税や借入金利子、減価償却費など、課税仕入れとならないものが大半を占めています。

　簡易課税制度の適用を受けることにより、40％のみなし仕入率を適用することができますので、消費税相当額を値引きするより手残りは増えるものと思われます。「2割特例」を適用すれば、控除率は何と、簡易課税の2倍の80％になるのです！

8 口座振替家賃と立替金

Gさん 駐車場や店舗、事務所家賃などには消費税が課税されるわけだけど、大家は毎月賃借人宛にインボイスを発行しなくちゃいけないのかな？

Hさん 家賃は前月末に前払いしてもらう契約になっている。理屈の上では毎月振込を確認した上でインボイスを発行することになるんだろうけれども、正直面倒臭いよね。

Gさん 「やってらんない！」って感じがするね。家賃の額は毎月定額なんだから、年末に翌年1年分のインボイスを作成して「勝手に使ってください」というわけにはいかないのかな？

Hさん 途中で退室とかあった場合に困るよね。最悪の場合、家賃が払えなくて夜逃げとかあったらどうする？

Gさん 管理会社に修繕費なんかを立て替えて貰った場合の精算金はどうなるんだろう…。

Hさん 領収書には管理会社の名称が書いてあるわけだから、理屈の上ではインボイスの記載要件を満たさないことになる。でも、立替金ということがわかるようになってれば仕入税額控除はできるんじゃないの？

ポイント

口座振替や振込により決済される家賃については、登録番号など

の必要事項が記載された契約書とともに、日付と金額が印字された通帳を保存することにより、インボイスの発行を省略することができます。

　不動産の賃貸借契約書では、契約家賃の額を「1か月××円（消費税別途）」と記載しているものをよく見かけますが、この記載方法では法定要件をクリアしたことにはなりません。下記⑥の適用税率と消費税額の記載が要件となりますので、新たに契約書を作成する場合はもとより、追加書類を作成する場合にも記載漏れがないように注意する必要があります。

　なお、不動産の賃貸借のように請求書等が発行されない取引については、中途で貸主が適格請求書発行事業者でなくなることも想定されますので、国税庁のホームページ（公表サイト）で貸主の状況を確認したうえで仕入控除税額の計算をする必要があります。

適格請求書の記載事項	記載書類
① 適格請求書発行事業者の氏名又は名称	契約書
② 登録番号	契約書
③ 取引年月日	通　帳
④ 取引内容	契約書
⑤ 税率区分ごとに合計した取引金額	通　帳
⑥ ⑤に対する消費税額等及び適用税率	契約書
⑦ 請求書等受領者の氏名又は名称	契約書

　また、立替経費などの精算については、受領したインボイスのコピーとともに、立替金精算書等の書類を保存しておけば仕入税額控除が認められます。この場合において、他の者（立替者）が適格請求書発行事業者であるかどうかは問いません（インボイスQ＆A問92・93）。

9　免税事業者の準備

商店街の八百屋と魚屋の会話です。

八百屋　お宅の店はインボイスの登録ってのをするのかい？

魚屋　インボイスの登録ってのはもっと大きな店がするもんで
しょ？　うちらみたいに小さな店はインボイスなんて必要ないん
じゃないのかい？

八百屋　僕もそう思っていたんだけども、昨年、商店街の会長さん
が「インボイスの登録準備はお早めに！」って選挙演説みたいに
言ってるのを聞いてびっくり仰天してるんだ。

魚屋　あの会長さんは昔から知ったかぶりしているようなところが
あるんだ。消費税の税率が10％になったときも「洗剤は８％で
す」って大嘘言ってあとで慌てて訂正してたくらいだからね（笑）

八百屋　インボイスがないと仕入税額控除ができないことはわかる
んだけど、うちの店で買い物をする奥様方が夕飯の食材を買って
帰るのにインボイスなんか必要ないもんね。でも、喫茶店のマス
ターなんかはどうだろう…。サンドイッチ用のレタスとか買った
らインボイスが必要になると思うんだ。魚屋　あの店はマスター
が道楽でやってるお店だからね。どう見ても売上が5,000万円も
あるとは思えない。おそらくは、消費税の免税事業者か、もし課
税事業者だとしても簡易課税で申告してると思うんだ。簡易課税
だと、喫茶店は確か売上高の60％を仕入とみなして申告できるん

だ。そうすると、インボイスなんかなくっても何も支障はないことになる。

ポイント

　インボイス制度がスタートすると、原則としてインボイスの保存が仕入税額控除の要件となります。

　ただし、インボイスが導入されたからといって、すべての免税事業者が事業の継続に支障を来すわけではありません。地元商店街の八百屋さんや魚屋さん、床屋さんなどでインボイスを要求するお客さんなどほとんどいないはずです。よって、インボイス制度が導入された後でも免税事業者のまま商売を続けていけるものと思われます。

　また、仮に課税事業者との取引があったとしても、相手が簡易課

税制度の適用を受けている場合には、インボイスは必要ありません。インボイスの登録申請が始まり、様々なところで誤解があるようですが、免税事業者は、まずは自分が登録が必要な事業者なのかどうかということを冷静に判断する必要があります。（会長さんの発言のような）中途半端な風評に惑わされ、制度の内容も理解しないままに登録するようなことのないように十分に注意してください。

インボイスの登録をして適格請求書発行事業者になるということは、課税事業者を選択して納税義務者になるということです。インボイスの登録をした限りはどんなに売上が少なかろうが、登録取消届出書を提出しない限りは永久に納税義務は免除されないのです！

まずはしっかりとインボイス制度について理解することが重要です。その上で、免税事業者は、自らが登録が必要な事業者なのかどうかということを、冷静に判断してください。

なお、免税事業者のような適格請求書発行事業者でない者（非登録事業者）からの課税仕入れについては、令和5年10月1日から令和8年9月30日までは課税仕入高の80％、令和8年10月1日から令和11年9月30日までは課税仕入高の50％を仕入控除税額の計算に取り込むことが認められています（インボイスQ＆A問110）。

10 　登録の取消し

魚屋　うちのお客さんで高級割烹料理屋があるんだ。あの店の料理
　　はべらぼうに高いから、おそらくは本則課税って奴で消費税の申
　　告をしてると思うんだ。

八百屋　ということは、インボイスを発行しないとその割烹料理屋
　　から注文が来なくなるかもしれないということか…。

魚屋　その割烹料理屋のためだけにインボイスの登録をして納税す
　　るってのもなんか納得いかないんだよな…。

八百屋　とりあえずは登録申請をしておいて、割に合わないよう
　　だったら登録を辞めればいいんじゃないのか？

魚屋　登録を辞めるにはどうしたらいいんだい？

八百屋　「登録取消届出書」ってのを提出すればいいらしいんだが、
　　詳しいことはわからねえな。税務署か税理士にでも聞いてみたら
　　どうだい？

　適格請求書発行事業者は、「登録取消届出書」を税務署長に提出
することにより、その登録が取り消されてインボイスの効力が失効
します。「登録取消届出書」は、期限までに提出しないとその効力
が失効されません。すなわち、免税事業者になることができないと
いうことです（**図表参照**）。

　この場合において、「課税事業者選択届出書」を提出した事業者は、「登録取消届出書」だけでなく、「課税事業者選択不適用届出書」も提出しないと免税事業者になることはできません。つまり、「ダブルロック」により課税事業者として拘束されているということとです。

　令和４年度改正により、免税事業者は、経過措置により令和11年９月30日の属する課税期間までは登録申請書の提出だけで適格請求書発行事業者になることができることとなりましたが、免税事業者は、登録申請のためには原則として「課税事業者選択届出書」の提出が必要なのだということを認識しておく必要があるように思います（インボイスＱ＆Ａ問17）。

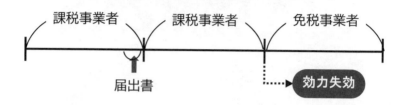

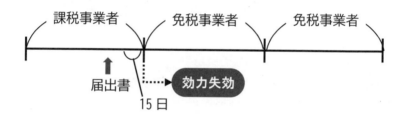

11 下請法との関係はどうなる？

デザイナー仲間の会話です。

H子さん　エージェント（仲介会社）からインボイスの登録について話とかあった？

J子さん　昨年「登録を予定していますか？」っていうアンケートみたいなメールが届いたんで「予定してません」と回答したんだけど、その後何にも連絡はないわね。

H子さん　インボイスの時代になると、今私たちが貰ってる消費税分だけ発注先で税負担が増えるらしいのよ。

J子さん　それなんだけど、3年間は下請事業者が登録しなくても「8割控除」という経過措置があって、元請事業者は実質2割の負担増で済むってことらしいわよ。

H子さん　ということは、私の年収がおおよそ440万円だから、元請事業者は32万円の控除ができる…元請事業者が負担増となるのは8万円ということね！

　　　440万円×10/110×80％＝32万円

　　そうすると、私がインボイスの登録をしなくても、減額されるのはせいぜい8万円程度なわけだから、無理して登録する必要もなさそうね。

J子さん　登録して簡易課税という方法で申告すると、売上税額の50％を納税しなくちゃいけないことになるんで、H子ちゃんの場

　合には納税額は20万円になる。

　　440万円×10/110×（１－50％）＝20万円

　　登録しないで80％経過措置を根拠に値段交渉したほうがお得に

なりそうね。

Ｈ子さん　でもそんな簡単に値段交渉に応じてくれるかしら…。

「登録しないなら仕事出さない」とか言われたら私も困っちゃう

し、結局のところ、元請事業者の言い値で引き受けるしかないよ

うな気がするのよね…。

ポイント

　財務省は、公正取引委員会・経済産業省・中小企業庁・国土交通

省との連名で、「免税事業者及びその取引先のインボイス制度への

対応に関するＱ＆Ａ」を令和４年１月19日に公表（令和４年３月８

日に改正）しました。

　元請事業者は、下請事業者が免税事業者であることを理由に、消費税相当額の支払いや単価交渉を拒否することは、下請法違反となるおそれがありますので注意が必要です。

　また、課税事業者になるよう要請すること自体は問題ありませんが、課税事業者にならない場合の取引価格の引き下げや取引の打ち切りなどを一方的に通告することは、独占禁止法上問題となるおそれがあります。

　下請事業者が課税事業者となるに際し、明示的な協議なしに価格を据え置くことも、独占禁止法上問題となるおそれがありますので注意が必要です。

　ただし、元請事業者としては、下請事業者に誠意を持って登録を要請したものの、登録を承諾して貰えないようなケースでは、結果として取引が打ち切りになることもやむを得ないものと思われます。

　実務上は、売上高が1,000万円以下の下請事業者は、登録することにより確実に納税額だけ手取額が減少することになりますので、取引価格を下げられても免税事業者でいようとするケースが現実には多くなるように思われます。

　免税事業者は、80％控除の経過措置を考慮に入れながら、登録の必要性と資金繰りを天秤にかけ、粘り強く取引先との価格交渉に当たる必要がありそうです。

12　2割特例とは？

H子さん　今度の改正で「2割特例」というのができたらしいわね。

J子さん　売上税額の2割だけ納税すればいいという制度よね。簡
　　易課税で申告するよりは断然お得だわ！

H子さん　「免税事業者からの仕入れに対する80％控除の経過措
　　置」を根拠に値段交渉しようと思ってたんだけど、消費税相当額
　　の80％を貰っても、売上税額の20％を納税しても、手残りは同じ
　　になるものね。エージェントにお願いして値段交渉してもらうの
　　も面倒だし、この際だから思い切って登録申請しちゃおうかしら
　　…。

J子さん　気になるのは適用期間が限定されてることなのよね…こ
　　の2割特例が使えるのは令和8年9月30日までらしいから、その
　　後は登録をやめて免税事業者に戻るか簡易課税で申告するか選ば
　　なければいけないらしいのよ。

H子さん　簡易課税で計算するときは事前に届出書の提出が必要ら
　　しいけれども、2割特例も届出書の提出は必要なのかしら…

J子さん　2割特例って、要は簡易課税の第2種事業で申告すると
　　いうことよね…であれば届出書は必要なんじゃないかしら？

ポイント

いろいろと誤解が多いようですね（笑）。まず、この2割特例の

適用期間ですが、「令和８年９月30日まで」ではなく、「令和８年９月30日の属する課税期間まで」適用できることになっています。よって、個人事業者であれば、令和８年分まで適用することができます。

　次に届出書の提出義務ですが、２割特例は確定申告書にその旨付記するだけで適用できますので、簡易課税のように届出書の提出は必要ありません。

　２割特例は、インボイスの登録をしなければ免税事業者となるような小規模事業者を対象とするものなので、適用対象期間中であっても、例えば次のようなケースについては２割特例の適用はありません。

① 基準期間における課税売上高が1,000万円を超えた場合

② 納税義務免除の特例規定が適用される場合

③ 固定資産などを購入したことによる３年縛りの強制適用期間中など

　また、小規模事業者の計算の簡便化のために創設された制度なので、課税期間を短縮している場合についても適用を受けることはできません（インボイスＱ＆Ａ問111〜113）。

【具体例】

　個人事業者の各年における課税売上高が下表のように推移した場合、基準期間における課税売上高が1,000万円を超える課税期間については２割特例を適用することができません。

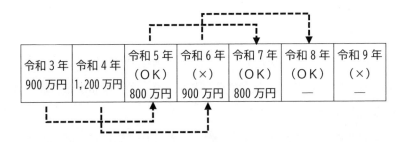

令和３年 900万円	令和４年 1,200万円	令和５年 （ＯＫ） 800万円	令和６年 （×） 900万円	令和７年 （ＯＫ） 800万円	令和８年 （ＯＫ） ―	令和９年 （×） ―

㊟　令和９年の基準期間（令和７年）における課税売上高は1,000万円以下ですが、令和９年は「２割特例」の適用対象期間ではありません。

13　2割特例と簡易課税

H子さん　令和4年は臨時の仕事が多かったもんで、売上高が1,000万円を超えちゃったのよ。そうすると、令和6年分の申告は2割特例が使えないことになるのよね…。

J子さん　簡易課税を使ったらいいんじゃない？　2割特例だと80％の控除ができて断然お得なわけだけど、簡易課税でもみなし仕入率の50％は控除できるんでまあまあお得になるんじゃないかしら…。

H子さん　私たちみたいなデザイナーは経費なんてないものね。5割控除できるだけでもありがたいと思わなくちゃいけないのかもしれないわね。ところで簡易課税で申告するためには届出書はいつまでに出せばいいの？

J子さん　「簡易課税制度選択届出書」は前年中に出さないとダメなんだけど、インボイス関係の経過措置があるらしいのよ。適用を受けようとする年中に出せばいいらしいから、令和6年中に出しとけば、令和6年分から簡易課税で申告できるということね！

ポイント

　J子さん間違ってます！　「簡易課税制度選択届出書」を提出した課税期間から簡易課税が適用できるのは、【具体例】のように、2割特例を適用した翌課税期間だけです。H子さんの場合には、令

和５年は免税事業者で、令和６年から課税事業者となるわけですから、令和６年分から簡易課税で申告したい時は、届出書は原則どおり令和５年中に提出しておく必要があるのです！

＜有利選択はできるか？＞

「簡易課税制度選択届出書」が提出済であったとしても、申告時に簡易課税によるか２割特例によるかを選択することができます。

また、「簡易課税制度選択届出書」を提出していない場合には、申告時に本則課税によるか２割特例によるかを選択することができます。

＜届出書の取消し＞

免税事業者は登録日の属する課税期間中に「簡易課税制度選択届

出書」を提出することにより、その課税期間から簡易課税制度の適用を受けることができます。そこで、登録日の属する課税期間中に「簡易課税制度選択届出書」を提出した事業者は、その課税期間中に「簡易課税制度選択届出書」の取下書を提出することにより簡易課税の効力を失効させ、本則課税に変更することが認められています（インボイス制度の負担軽減措置のよくある質問とその回答　財務省（令和５年３月31日時点）問７）。

㊟　「取下書」には、提出日、届出書の様式名（表題）、提出方法（書面又はe-Tax）、届出者の氏名・名称、納税地、届出書を取り下げる旨の記載をし、署名をして所轄税務署に提出することとされていますが、「取下書」の書式は定められていません。

【具体例】

　２割特例の適用を受けた個人事業者が、その翌課税期間中に「簡易課税制度選択届出書」を提出した場合には、その提出日の属する課税期間から簡易課税により申告することができます（インボイスＱ＆Ａ問114）。

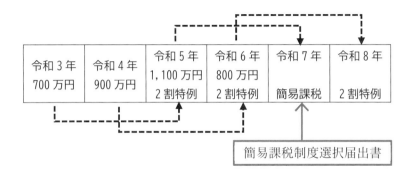

14　インボイスの記載事項

タクシードライバー仲間の会話です。

Mさん　最近景気はどうだい？

Kさん　コロナのせいかもしれないが、不景気もいいところだぜ。

Mさん　とどめにインボイス制度が導入されたもんだから、俺たちの業界はこの先どうなるんだろう…。

Mさん　そういえば、インボイスには登録番号の他に税率と税額を書かなきゃいけないらしいんだが、聞くところによると、タクシーの領収書なんかは税率と税額のどちらか一方が書いてあればいいみたいだな。あと、当たり前だが乗客の会社名なんかも記載する必要はないということだ。

Kさん　コンビニのレシートなんかも宛名は必要ないことになっている。「簡易インボイス」っていうらしいんだが、当然と言えば当然だよな。乗客から「レシートに会社名書いてくれ」なんて言われたら面倒臭くてかなわねえ（笑）

Mさん　タクシーメーターをインボイス対応に切り替えると金がかかるんで、P社は「T-×××　10％（税込）」っていう横長のゴム印を作っておいて、乗客から「インボイスください」って言われたらこのゴム印を押したインボイスを渡してるらしいんだ。日付と運賃、タクシー会社の名称はもともと印字されるわけだから、ここにゴム印を押せば記載要件はクリアすることになる。

ちょっとかっこは悪いけど、手書きのインボイスよりは遥かに見
栄えがいいという作戦だ。

Kさん　俺らと同じ個人タクシー営業のLなんざ登録番号をレシー
　　トに手書きして渡しているらしいぜ。この間乗客に苦情を言われ
　　たらしいんだが、「天下の国税庁が手書きでもいいと言ってる」
　　ということで、今後も手書きでやるみてえだな。

Mさん　いくら何でも手書きじゃみっともねえし、そんなインチキ
　　臭いインボイスなんか渡したらマズいんじゃないか？

Kさん　俺たちみたいに登録しない個人タクシーよりまだマシかも
　　しれねえぜ（笑）

＜インボイスの記載事項＞

インボイス（適格請求書）とは、次に掲げる事項を記載した請求書、納品書その他これらに類する書類をいいます（太字が区分記載請求書への追加項目・インボイスＱ＆Ａ問52）。

① 適格請求書発行事業者の氏名又は名称

② **登録番号**

③ 取引年月日

④ 取引内容（軽減対象品目である場合にはその旨）

⑤ **税抜取引価額又は税込取引価額を税率区分ごとに合計した金額**

⑥ **⑤に対する消費税額等及び適用税率**

⑦ 請求書等受領者の氏名又は名称

＜簡易インボイスの記載事項＞

小売業、飲食店業、写真業、旅行業、タクシー業又は駐車場業等のように不特定多数を取引先とする事業を営む場合には、簡易インボイス（適格簡易請求書）を交付することができます（インボイスＱ＆Ａ問56・27）。

簡易インボイスには、⑦の「請求書等受領者の氏名又は名称」を記載する必要がありません。また、⑥の「消費税額等又は適用税率」のいずれかの記載があればよいこととされています

よって、スーパーやタクシーなどの既存のレシートに登録番号、税率などを記載して、インボイスとして利用することができます。

15 委託販売と受託販売

　雑貨商を営むNさんは、同業者に商品の販売を委託しています。「媒介者交付特例」という方法により受託者がインボイスの発行をしてくれるため、Nさんは精算書とインボイスのコピーを保存するだけで特段の手間はかからないのですが、会計処理とインボイスの関係について悩んでいるようです。

＜委託販売の会計処理＞

　委託販売については、委託者は受託者の手数料を控除する前の総額を売上高に計上し、手数料を仕入高に計上する方法（総額処理）が原則とされています。

　ただし、課税期間中の委託販売取引のすべてについて、手数料控除後の金額を売上高に計上することも認められます（純額処理）。

　また、受託者は原則として委託者から収受する手数料を売上高に計上しますが、受託者の販売金額を課税売上高とし、委託者への送金額を課税仕入高に計上することも認められます（総額処理）。

　ただし、軽減税率対象品について委託者は「純額処理」、受託者は「総額処理」を採用することはできません。

【計算例】

商品の売上高が10,000で、受託者の手数料が2,000の場合の委託者と受託者の処理は下記のようになります（消基通10－1－12）。

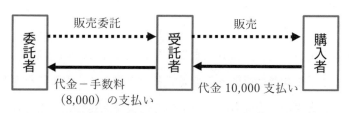

	委託者の取扱い	受託者の取扱い
原則	課税売上高　10,000 課税仕入高　　2,000	課税売上高　　2,000
例外	課税売上高　　8,000 （10,000－2,000＝8,000）	課税売上高　10,000 課税仕入高　　8,000

○　委託者の取扱い

　総額処理の場合だけでなく、たとえ純額処理による場合であっても、受託者から交付を受けたインボイスの保存は必要です。

　したがって、上記の【計算例】であれば、売上高10,000と仕入高（手数料）2,000を両建計上する方法（総額処理）と、手数料控除後の8,000だけを売上計上する方法（純額処理）とのいずれの方法による場合であっても、受託者が交付するインボイス（2,000）の保存が必要となります（インボイスQ＆A問120）。

　なお、委託品が軽減税率対象品の場合には、委託品の譲渡には8％の軽減税率が適用されるのに対し、受託者の手数料には役務提供の対価として10％の標準税率が適用されることになります。したがって、委託者は純額処理によることはできませんのでご注意ください。

○　受託者の取扱い

　受託品が標準税率対象課税商品であることを条件に、総額処理によることができます。この場合における委託者への送金額は、委託者からの仕入商品につき、代金を支払った訳ではありませんので、委託者からインボイスの交付を受ける必要はありません（インボイスQ＆A問121）。

　したがって、上記の【計算例】であれば、手数料収入2,000を売上計上する方法と、売上高10,000と仕入高8,000を両建計上する方法（総額処理）のいずれの方法による場合であっても、委託者への支払金額8,000について、インボイスを保存する必要はありません。

16　農協特例

農業を営む仲間同士の会話です。

Gさん　噂によるとインボイスの登録をしないと農協が相手にして
　　くれなくなるみたいだね。

Hさん　どこの農家も収穫した農作物はみんな農協に出荷してる。
　　昔と違って今や農協とお付き合いしないと農業はやってけない時
　　代になったということだ。

Gさん　農家は収穫した農作物を農協に依頼して販売して貰うこと
　　になるわけだけど、ほとんどの農家は農協に丸投げでお任せして
　　いるのが現状だ。

Hさん　販売時期と値段を農協に一任する共同計算方式・無条件委
　　託方式だね。農作物は日によって値段が違うんで、農協に多少割
　　高な手数料払ってでもお任せしたほうが農家にしてみれば安心と
　　いうことだ。

Gさん　うちらみたいな免税の農家は、インボイスの登録をしない
　　と受託者である農協がインボイスを発行することができないこと
　　になる。農協に農作物を買い取って貰えるかというと、インボイ
　　スも貰えないような小さな農家からリスク覚悟で農作物を仕入れ
　　ることなど十中八九あり得ない。免税の農家は結局のところ、イ
　　ンボイスを発行しないと農協に相手にして貰えないんで、農業を
　　継続するためにインボイスの登録をして納税していくしか生きる

術はないということなんだろうな…。

Hさん　無農薬の野菜なんてのが近頃は人気があるみたいなんで、いっそのこと農協に頼らないで独自で販路を開拓してみるのもいいかもしれないな…。

Gさん　ところでインボイス制度が始まってそろそろ半年になるけど、農協からは何の連絡もないみたいだね。そのうち手数料の値上げ通知でもあるのかな…。

　令和5年10月1日以降は、原則として法定書類の保存が仕入税額控除の絶対条件となりますが、ここで注意したいのが、農業協同組合等が委託を受けて行う農林水産品の譲渡等について作成する書類の取扱いです。無条件委託方式かつ共同計算方式により、農業協同

組合等が委託を受けて行う農水産品の譲渡等については、生産者である農家等は適格請求書の交付義務が免除されています。

　これを受け、農業協同組合等（受託者）が生産者から委託を受けて行う農林水産品の譲渡等について作成する書類は、販売者である生産者が発行するものではありませんが、法定事項が記載されていることを条件に、適格請求書等と同じ効力があるものとして取り扱われます。

　ここで注意したいのは、農業協同組合等は、生産者の納税義務の有無にかかわらず、法定書類の発行ができるということです。

　結果、免税事業者である生産者から直売で購入した農作物は仕入税額控除の対象とならないのに対し、免税事業者から購入した農作物でも、下記①と②の要件を満たすものであれば、農協というフィルターを経由して購入することで、仕入税額控除の対象とすることができるのです。

①　無条件委託方式かつ共同計算方式による販売であること
②　生産者を特定せずに販売するものであること

　よって、免税の農家や漁師さんは、この「農協特例」の適用を受けるのであれば、あえてインボイスの登録をする必要はないように思われます。免税の農家や漁師さんは、この制度をしっかりと理解した上で、インボイスの登録の必要性について判断する必要がありそうです。

17 仕入税額控除の要件

不動産屋と自動車屋、質屋さんの会話です。

不動産屋 うちは中古の居住用物件をサラリーマンから購入して転売することが多いんだ。

自動車屋 リフォームとか言って、なるべく金をかけずに見た目だけ綺麗にして売り捌くんだろ（笑）

不動産屋 人聞きの悪いことを言うな！ お前だって中古自動車を二束三文で買い叩いてきてオークションで売ってんじゃねえか。

質屋 うちは真面目な金融業、あんた達とは違うわな。

不動産屋 高利貸しが偉そうな口訊いてんじゃねえ！ そんなことよりもな、困ってることがあるんだ。

　インボイスの時代になると、当然のことながらサラリーマンから購入する物件はインボイスがないんで仕入税額控除ができないことになる。そうすると、中古物件を仕入れて売っても消費税の負担で儲けが吹き飛んじまうんだ。

自動車屋 うちだってそうだ。中古自動車の転売なんて実際は手数料商売なのに、下取車が仕入税額控除ができないとなると、利益なんかなくなってしまうんだ。

質屋 俺だって人ごとじゃあないんだよ。質屋に質草持って金借りに来るような奴は当然にインボイスの登録なんかしているわけがない。ご多分に漏れずに金が返せなくて質流れとなれば、今まで

は質草を貸金の額で購入したことにして仕入税額控除ができたん
だが、インボイスの時代になるとこれができなくなる。今後は怪
しい奴には金は貸せねえな。

不動産屋　質屋に金借りに来る奴で怪しくない奴なんているのかい
（笑）

自動車屋　インボイスの保存要件には３万円基準みたいなのはない
んだよな。たとえ100円の経費でも原則としてインボイスの保存
が必要になる…。面倒くせえ時代になったもんだ。

質屋　コインパーキングなんかはレシートが出てくるからまだいい
として、自動販売機で買物をしたときはどうしたらいいんだろう
…。

不動産屋　自動販売機を改良してレシートが出てくるようにするん
じゃねえか？

自動車屋　電車の短距離切符なんかはどうするんだろう…。

質屋　業務用のスイカで電車を利用した場合には、業務用の郵便切手みたいにスイカのチャージ金額を控除していいんじゃないのか？

不動産屋　どうだろう…間違いなく電車代に充ててるならいいような気がするけど、たまにこっそりとスイカで牛丼とか喰ってたりしたらダメだよな（笑）。

仕入税額控除の適用を受けるためには、法定帳簿とインボイスなどの法定書類の保存が必要です。

なお、法定書類は電子データによる保存も認められます。

＜インボイスが不要なケース＞

インボイス導入後は、支払金額が３万円未満であっても原則インボイスの保存は必要ですのでご注意ください。

ただし、３万円未満の公共交通料金や自動販売機での買い物、販売用の古物・質草・建物などの仕入れ、出張旅費や通勤手当などについてはインボイスの保存は必要ありませんのでご安心ください。

建設現場で作業員が休憩時間に飲むジュースの購入費についてはインボイスは必要ありません。ＡＴＭの振込手数料は、ＡＴＭを自動販売機と認識しますので、同様にインボイスは不要となります。ただし、振込手数料でもネットバンキングはインボイスの保存が必要となりますので注意が必要です（インボイスＱ＆Ａ問101）。

18　新設された法人

　個人で雑貨商を営むNさんは、取引先からの要請もあり、法人成りを検討しているところです。

　Nさんは所得税の税率が33％のラインにありますので、住民税の10％と事業税の5％を合わせるとそこそこの税負担になります。法人成りをすれば、事業所得を給与所得に転換できますので、給与所得控除の恩恵を受けることができるとともに、住民税や事業税の負担減を図ることができます。

　また、資本金1,000万円未満で法人を設立すると、設立事業年度とその翌事業年度は納税義務が免除されるとのことなので、消費税の節税対策としても法人成りのメリットは大きいものと感じています。

　ただ、Nさんは令和5年10月から個人事業者としてインボイスの登録をしているものですから、法人成りをしたからといって、免税事業者であることを理由にインボイスの発行をしないというわけにもいきません。結局、「免税事業者になれる！」という新設の法人の特権は放棄せざるを得ないとの結論に至りました。

　では、新設の法人がインボイスの登録をする際には、会社設立前に代表者になるNさんが登録申請をする必要があるのでしょうか…。

　新設された法人が会社設立時からインボイスを発行したいからといって、会社設立前に個人で登録申請をすることはできません。

　そこで、新設の法人がインボイスの登録申請をするために、「新たに設立された法人等の登録時期の特例」という制度が設けられています（インボイスＱ＆Ａ問12）。

　＜新設された法人の登録時期＞

○　設立事業年度の初日から登録する場合

　新設された法人は、設立事業年度中に登録申請書を提出することにより、設立事業年度の初日から登録を受けたものとみなされます。この場合において、登録申請書の次葉（２／２）の「登録希望日」

欄に、会社の設立年月日を記載する必要があることにご注意ください。

　ところで、資本金が1,000万円未満の新設の法人は、基準期間がない設立事業年度は免税事業者となります。インボイスの登録申請は原則として課税事業者でなければできませんので、設立事業年度中に「課税事業者選択届出書」とインボイスの登録申請書を提出する必要があります。ただし、令和5年10月1日〜令和11年9月30日の属する課税期間中に登録する場合には、経過措置により「課税事業者選択届出書」を提出する必要はありません。よって、設立事業年度中に登録申請書を提出することにより、設立事業年度の初日から適格請求書発行事業者となることができます。

　新設された法人が設立事業年度の初日から適格請求書発行事業者となる場合でも、実際に登録通知があるまでは登録番号を記載したインボイスを発行することはできません。このようなケースでは、通知後にインボイスを再発行するか、登録番号を後から通知するなどの方法により対処することとなります。登録の効果が設立事業年度の初日から発生するからといって、通知がある前に法人番号を登録番号として使用することはできませんのでご注意ください。

○　**設立事業年度の中途から登録する場合**

　免税事業者は、令和5年10月1日〜令和11年9月30日の属する課税期間中に登録する場合に限り、年又は事業年度の中途からの登録が認められています。この場合には、登録申請書の提出日から15日を経過する日以後の日を「登録希望日」の欄に記載する必要があります（インボイスＱ＆Ａ問8）。

　例えば、令和 6 年 4 月 1 日に設立した12月決算法人が、 7 月 1 日から適格請求書発行事業者になろうとする場合には、「登録希望日」の欄に「令和 6 年 7 月 1 日」と記載した登録申請書を 6 月16日までに提出する必要があるということです。

＜廃業届出書の提出義務＞

　法人成りにより廃業した個人事業者は、事業廃止届出書を提出する必要があります。

19　相続

兄弟で何やら相続に関する相談をしているようです…。

長男　親父もいい歳だし、そろそろ遺産分割のことを考えておいた
　　ほうがよさそうだな。

次男　お父ちゃんは遺言とか書いてるのかい？

長男　そんな話は聞いたことないから、相続があったときは俺とお
　　前で相談して相続財産の分割をすることになる。

次男　お父ちゃんはお兄ちゃんと一緒に住んでるから、自宅はお兄
　　ちゃんが相続するとして、貸店舗はどうするの？

長男　家賃収入が年間でおよそ800万円…親父は税理士にそそのか
　　されて昨年インボイスの登録をしたらしいんだ。

次男　外税で消費税を貰ってきたんだから登録するのが当然じゃな
　　いの？

長男　登録したら消費税払わなきゃいけねえだろうが…。こんなも
　　ん登録しないでしらばっくれて消費税貰っときゃよかったんだ！

次男　でも店子は仕入税額控除ができなくなるよ。外税で消費税
　　貰ってるんなら登録して当然じゃないの？　僕は税理士さんの
　　言ってることが正しいと思うけどな。

長男　いずれにせよ、親父が死んだときは、俺とお前のどちらが相
　　続するにせよ、消費税は払わなくてよくなるということだ。

次男　（ビックリして）じゃあお父さんが亡くなった瞬間に店子は

70

仕入税額控除ができなくなるってこと？　…それってかわいそうというか、店子に失礼じゃないのかな…。

ポイント

　相続により適格請求書発行事業者の事業を承継した相続人は、みなし登録期間中は、相続人を適格請求書発行事業者とみなし、被相続人の登録番号を相続人の登録番号とみなすこととなっています。

　つまり、相続人は相続が発生してから4か月間は、被相続人の登録番号によりインボイスを発行する義務があるとともに、この期間分の消費税について、申告義務が発生することになるのです。

　この場合において、相続人がみなし登録期間経過後も適格請求書を交付しようとするときは、新たに登録申請書を提出して登録を受ける必要があります（インボイスQ＆A問16）。

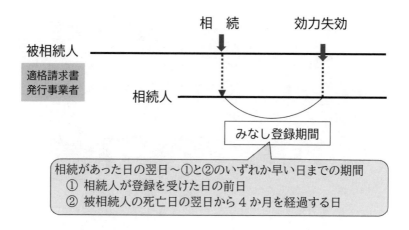

なお、被合併法人や分割法人が受けた適格請求書発行事業者の登録の効力は、合併法人や分割承継法人には引き継がれません。したがって、合併法人や分割承継法人が適格請求書発行事業者の登録を受けようとするときは、新たに登録申請書を提出する必要があります。

20 相続と2割特例

　長男は弟から、相続後、4か月間は消費税の申告納税が必要になるということを教えられ、考え込んでいます。

長男　貸店舗を俺とお前のどっちが相続するかは4か月以内に決めるとして、遺産分割が決まるまではどうやって申告すればいいんだ？

次男　所得税も消費税も法定相続分割合の半分ずつで申告すればいいみたいだよ。

長男　不動産賃貸業は簡易課税を使うと税金が安くなるってことで、親父は簡易課税の届出書を提出してあるみたいだな。

次男　家賃収入が1,000万円未満なわけだから、2割特例のほうが絶対に有利になる。お父さんもこの「2割特例」って方法で申告すると思うんだ。

長男　（得意げに）お前知らないのか？相続により事業承継した場合には「2割特例」は使っちゃいけないんだよ。

　相続があった年において、被相続人の基準期間中の課税売上高が1,000万円を超える場合には、事業を承継した相続人は、相続のあった日の翌日から12月31日までの期間、課税事業者に取り込まれることになります（消法10①）。

　納税義務免除の特例規定が適用され、相続人が課税事業者に取り込まれるようなケースでは、相続人は原則として「2割特例」の適用を受けることはできません。

　ただし、相続人がすでに登録を済ませているようなケースでは、「相続」という予測不可能な事態に巻き込まれた場合でも、事前登録を条件に、相続があった年についてだけは「2割特例」の適用を認めることとしています（インボイスQ＆A問112【答】（注1））。

　また、被相続人の基準期間中の課税売上高が1,000万円以下の場合には、そもそも「相続があった場合の納税義務免除の特例規定」の適用はありませんので、相続発生日に関係なく、相続人はインボイスの登録を条件に「2割特例」の適用を受けることができます。

　ご兄弟のケースでは、お父さんの家賃収入は1,000万円以下ですので、適格請求書発行事業者とみなされる相続人は、みなし登録期

間中、２割特例の適用を受けることができます。

【具体例１】

　登録開始日（6.10.1）の前日までに相続が発生しているので「２割特例」の適用はできません。この場合において、被相続人が簡易課税制度の適用を受けている場合には、相続人は、令和６年12月31日までに「簡易課税制度選択届出書」を提出することにより、「（A）＋（B）」の期間中の申告について、簡易課税によることができます（消法37①、消令56①二）。

【具体例２】

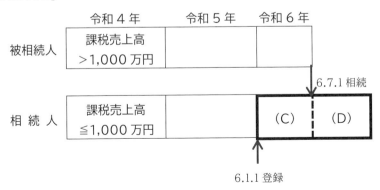

登録開始日（6.1.1）以後に相続が発生しているので、相続人は「（C）＋（D）」の期間中の申告について「2割特例」の適用を受けることができます。

21　税額の計算方法

税理士事務所の職員仲間の会話です。

Mくん　ついにインボイス制度が始まっちゃったね。この先一体どうなるんだろう…。

Kくん　80％経過措置の入力とか、今までよりも若干手間は増えるけれども、そんなに心配することもないんじゃないの？

Mくん　会計ソフトへの入力は今まで通り税込み金額を入力しているけど、決算でもう一度やり直すなんてことにはならないよね？

Kくん　君は心配性だね…。インボイス制度ってのは、インボイスの発行と保存が義務になっただけで、本質的には今までと変わるものではないんだよ。売上税額も仕入税額も割戻計算をしていいことになってるんだから、僕らが頭を悩ませなくても会計ソフトが自動計算してくれる。だから何にも心配いらないということさ。

ポイント

　Mくんの言うように、インボイス導入後でも、売上税額の計算は割戻方式が原則となります。ただし、インボイスに記載された税額を積み上げて計算することも認められます。

　仕入税額の計算は、インボイスに記載された税額を積み上げて計算する積上方式が原則とされていますが、タクシー代のように税額の記載がない簡易インボイスについては個々に割戻計算をする必要

があります。

　また、売上税額の計算で割戻方式によることを条件に、仕入税額の計算でも割戻方式を採用することができます。売上税額は積上方式にして、仕入税額は割戻方式によるような「いいとこ取り」はできないこととなりますのでご注意ください（インボイスＱ＆Ａ問115）。

売上税額	仕入税額	要否
総額割戻方式	総額割戻方式	○
	帳簿積上方式	○
	請求書等積上方式	○
適格請求書等積上方式	請求書等積上方式	○
	帳簿積上方式	○
	総額割戻方式	×

売上税額の計算で「適格請求書等積上方式」と「総額割戻方式」を併用した場合であっても採用することはできない。

＜適格請求書等積上方式＞

　適格請求書発行事業者が、交付したインボイスの写しを保存している場合には、これらの書類に記載した消費税額等を積み上げて課税標準額に対する消費税額を計算することができます。

　なお、上記の「総額割戻方式」と「適格請求書等積上方式」は、取引先単位又は事業単位で併用することもできますので、商品の売上高には「適格請求書等積上方式」を採用し、車両などの中古資産を売却した場合には「総額割戻方式」を採用するといったような税額計算の方法も検討する必要がありそうです。

　インボイスに記載する消費税額等の端数を切捨てにした場合には、当然のことながら「適格請求書等積上方式」を採用した方が売上税額は少なくなるので税負担を圧縮することができます。

（税込価格172円、税抜価格160円の商品（食品）を販売した場合）

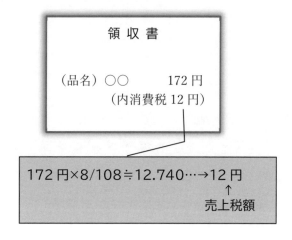

ただし、売上税額の計算で「適格請求書等積上方式」を採用した場合には、仕入税額の計算で「総額割戻方式」を採用することはできません。

売上税額の計算で「適格請求書等積上方式」を採用したい場合には、「請求書等積上方式」による仕入税額の計算は事務処理が煩雑になることから、「帳簿積上方式」の採用を検討するのが現実的ではないかと思われます。

＜帳簿積上方式＞

取引の都度、税込課税仕入高を割り戻し、1円未満の端数を切捨て又は四捨五入した消費税額等を帳簿に記載している場合には、帳簿に記載した消費税額等の合計額をもとに仕入税額を計算することができます。

この「帳簿積上方式」は、上記の「請求書等積上方式」と併用す

ることができます。

　請求書等積上方式は、取引ごとに税額を集計する必要がありますので、入力処理が煩雑になることが危惧されます。帳簿積上方式は、会計ソフトに税込金額を入力することにより消費税額等を自動計算できるので、効率と節税の面からも実用的な計算方法ではないかと思われます。

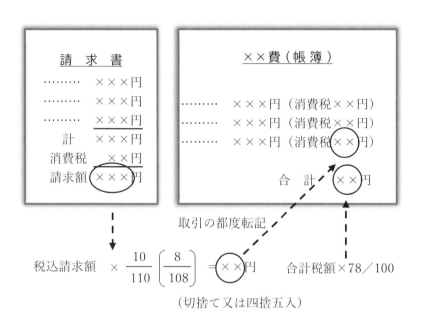

22　会計処理とインボイスの関係

Mくん　80％経過措置の適用を受ける取引なんだけど、会計ソフト
を「税抜」に設定しておくと、仮払消費税が80％しか計上されな
いんだ。これって間違ってるんじゃないのかな…。

Kくん　いくら何でも〇×社の会計ソフトが間違ってることはない
だろう…。

Mくん　税抜経理を採用する場合には、経過措置の適用があるかど
うかに関係なく、10％あるいは8％の消費税相当額を仮払消費税
に計上する。その上で、免税事業者からの仕入れについては控除
できない20％相当額を控除対象外消費税として処理すると思うん
だ。

Kくん　なるほど…。確かにその処理の方がわかりやすいような気
がするね。

ポイント

　令和3年改正消費税経理通達関係Q＆Aによれば、税抜経理を採
用した場合に仮払消費税を計上できるのは、経過措置の適用を受け
る仕入税額に限られています。

　よって、免税事業者である仕入先が外税で消費税相当額を請求し
てきたとしても、その消費税相当額を仮払消費税として計上するこ
とはできません。固定資産を取得した場合であれば、仕入税額の計

算から除かれる20％部分は取得価額に加算する必要がありますので、これを控除対象外消費税として処理することはできません。

　免税事業者からの仕入商品のうち、期末在庫がある場合には、控除できない20％相当額を期末棚卸資産の取得価額（評価額）に含める必要があります。また、交際費等に該当する費用は支出交際費等に加算して法人所得を計算します。

　なお、福利厚生費のような所得計算に制約のない費用であれば、仕入税額の計算から除かれる20％部分を仮払消費税として計上したとしても、結果として法人所得の計算に影響することはありません。

【具体例】

　免税事業者から備品を110万円で購入した場合の仮払消費税の金額と減価償却資産の取得価額は次のようになります（単位：円）。

減価償却資産の取得期間	仮払消費税の金額	減価償却資産の取得価額
令和5年10月1日〜令和8年9月30日	1,100,000×10／110 ＝100,000 100,000×80% ＝80,000	1,100,000−80,000 ＝1,020,000
令和8年10月1日〜令和11年9月30日	1,100,000×10／110 ＝100,000 100,000×50% ＝50,000	1,100,000−50,000 ＝1,050,000
令和11年10月1日〜	ゼ　ロ	1,100,000

　上記のように、仕入税額の計算から除かれる20（50）％部分（課税仕入れ等の税額のうち、仮払消費税の金額を超える部分の金額）は減価償却資産の取得価額に加算することとなるので、その超える部分の金額を控除対象外消費税額として認識することは認められません。

　なお、インボイス制度の下において、免税事業者が消費税相当額を取引先に請求できるかどうかということは、あくまでも値決めの問題であり、インボイス類似書類と認定されない限り問題はないものと思われます。ただ、非登録事業者があからさまに消費税相当額を上乗せして請求することは、商取引として問題があることもまた事実です。

軽減税率制度編

軽減税率が導入されてはや4年が経ちました。
実務の現場ではどうなっているのでしょう…。

23 「みりん風調味料」の適用税率

　令和元年10月からの消費税率の引き上げに伴い、飲食料品と宅配新聞については８％の軽減税率が適用されています。軽減税率の対象となる飲食料品の範囲について、ご近所の奥様方が何やら世間話をしています。

A子さん　安倍さん（安倍晋三元首相）のおかげで軽減税率が実現してほんとによかったわよね。

B子さん　ウチの主人の安月給じゃあ食費が値上がりしたら生活できないもの。本当に助かるわ。

A子さん　そういえば新聞記事で読んだんだけど、軽減税率の導入で税収が１兆円位減るらしいのよ。これってどうやって帳尻を合わせるのかしら？

B子さん　そうよね。民主党の時代に「事業仕分け」なんていうのをやってたけれども、思ったほどの効果はなかったみたいじゃない。無駄な経費は山ほどあるようだけど、既得権益との関係で結局どうにもならないということなのよね。

A子さん　岸田総理が絶対に何とかしてくれるわよ！見た目だってダンディーで素敵じゃない。

B子さん　そういえば、噂によるとお酒は軽減税率にならないらしいわね。家計費節約のためにウチの主人の晩酌を減らそうかしら。

A子さん　「みりん」もお酒だから軽減税率にならないのかしら？

「みりん風調味料」なんていうのはどうなるのかな。

B子さん　お菓子は軽減税率になるらしいのよ。そうすると、ウイ
　スキーボンボンみたいにアルコールが入ったお菓子なんかはどう
　なっちゃうんだろう。

ポイント

　A子さんの疑問にお答えします。「みりん」はお酒なので10％の
標準税率となり、「みりん風調味料」はお酒ではないので飲食料品
として8％の軽減税率が適用できます（軽減税率Q＆A（個別事例
編）問14）。

　標準税率となる「酒類」とは、酒税法において「アルコール分一
度以上の飲料をいう」と定義されていますので、アルコール分一度
未満の「みりん風調味料」は酒類には該当しないことになるのです。

市販されている「みりん」はアルコール分が15度前後のものが多い
ようですが、酒税法3条11号に定義がありますので酒類となります。
飲料なのか（？）という素朴な疑問もあるのですが、一昔前はお正
月に「お屠蘇」としてみりんを呑んだこともあったようです。

　ところで、奥様方に思い出していただきたいのですが、消費税率
の引き上げは、社会保障費に充てる目的で決定されたのです。この
まま行くと日本は医療費の負担も年金の支給もできなくなってしま
うから増税を決断したんです。軽減税率の導入で足りなくなった税
収は、結局巡り巡って国民のツケになるんです！

　空恐ろしいのは、1兆円強の財源について真剣に考えている国民
がほとんどいないということです。あらかたの国民が、A子さんの
ように結局は国が何とかしてくれると思っているのではないです
か？

　安倍さんは軽減税率の財源のために総合合算制度を先送りしまし
た。総合合算制度とは、低所得者を対象に、医療費などの自己負担
額に上限を設け、超えた分を国が補助する仕組みです。これで
4,000億円を調達し、足りない6,000億円はたばこ税の増税やインボ
イス制度の導入で帳尻を合わせると言っていたのですがその後どう
なったのでしょう…。

　社会保障費に充てるために消費税を増税し、その財源を調達する
ために社会保障費を削るという施策ですから、消費税増税のそもそ
もの目的に対して本末転倒ではないでしょうか。

24　サプリメントはどうなる？

A子さん　最近歳のせいか妙に疲れやすくなったのよね。

B子さん　私もそうなのよ。若い頃は肌艶もよくて疲れなんて知らなかったのに、最近はちょっと無理をしただけで翌日まで疲れが抜けないの。

A子さん　ちょっとお高いんだけど、サプリメントが疲労回復と美容に効果があるらしいのよ。私は数年前から常用してるんだけど、これって軽減税率になるのかしら？

B子さん　サプリメントはダメでしょ…それとも貴女はダイエットも兼ねてご飯代わりにサプリメントを食べてるの？

A子さん　サプリメントというのは栄養（健康）補助食品のことなのよ（怒）。腹ごなしに薬を食べる人はいないでしょうから、医薬品は標準税率になるんでしょうけれど、サプリメントは食料品として軽減税率でいいハズよ！

B子さん　（話題を変えるように）そうそう…うちの子がグ○コのビスケットをよく買ってくるんだけど、どうやらオマケのおもちゃがお目当てらしいのよ…これってオマケもいっしょに軽減税率になるのかしら？

A子さん　おもちゃとビスケットに区分して課税なんかはできないでしょ…。商品の値段全体に軽減税率が適用されると思うわよ。

B子さん　私の実家は石川県で九谷焼の伝統工芸品を販売してるん

だけど、陶器だけを販売すると標準税率になってしまう。陶器の中に真空パックに詰めた佃煮やお煎餅なんかをサービスで詰めておけば、全部が軽減税率にできるということだわ！

A子さん　それはちょっと無理なんじゃないかしら…。

 **ポイント**

　軽減税率の対象となる「飲食料品」とは、食品表示法に規定する食品をいいます。ただし、食品であっても酒類については標準税率が適用されます。したがって、A子さんが愛用しているサプリメントは、食品表示法に規定されている食品かどうかで適用税率が決定されることになります（軽減税率Q＆A（個別事例編）問24）。

　医薬品や医薬部外品と呼ばれる商品は、食品表示法に規定する食品ではありませんので軽減税率とはなりません。オジサン達が駅の売店で立ち飲みしている栄養ドリンクの場合には、大塚製薬が販売する「オロナミンC」は清涼飲料水として軽減税率が適用されるのに対し、大正製薬が販売する「リポビタンD」は医薬部外品として標準税率になるのです（軽減税率Q＆A（個別事例編）問23）。

＜セット商品の取扱い＞

　飲食料品と飲食料品以外の資産が一体となっている商品については、原則として飲食料品に該当しないこととしています。したがって、飲食料品も含めたところの販売価格全額について標準税率が適用されることになります。

　ただし、1万円以下の少額な商品であって、その商品の価額の3分の2以上が飲食料品で構成されているものについては、その全体

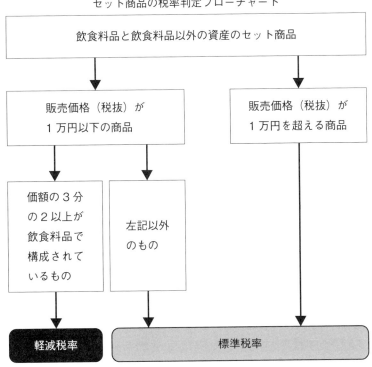

セット商品の税率判定フローチャート

を飲食料品として軽減税率の対象にすることとしています。

　そうすると、例えば、「おもちゃがセットになったお菓子」の場合、おもちゃがオマケのようなもの、オマケとは思えないような高価なものもあるので、飲食料品の価額を基準に、ケースごとに判断する必要があるということです。同様に「紅茶とティーカップをセットにした商品」であれば、紅茶の価額の占める割合によって、そのセット商品が軽減税率の対象になるかどうかを判断することになります（軽減税率Ｑ＆Ａ（個別事例編）問92）。

25　宅配ピザと屋台のおでん

　Ａさんとるさんは兄弟で飲食店を経営しています。兄のＡさんは
昔気質の江戸っ子で、父から譲り受けたおでん屋を今でも水道橋駅
前でやっています。弟のＢさんはお洒落な洋風のピザ屋さんを経営
しています。この兄弟、軽減税率のことで何やら雑談中のようです。

Ａさん　まさかとは思うが俺の屋台は飲食店じゃねえんだから当然
　　おでんの売上は軽減税率でいいんだよな？

Ｂさん　それが聞くところによると屋台でも椅子があるところは飲
　　食店扱いになるらしいんだよ。

Ａさん　ウチにあるのは椅子じゃなくてビールケースだ！　ビール
　　ケースをひっくり返して板を置いただけなんだから実際は立ち食
　　いと変わらねえだろう。それとも「椅子」の定義ってのが法律か
　　何かで決まっているのかい？

Ｂさん　僕に凄んでみたってどうにもならないでしょうが…悩んで
　　ても仕方ないから税務署にでも聞いてみたらどうなの？

Ａさん　お前も知ってのとおり、俺は税務署と警察が大っ嫌いなん
　　でぇ！　あと医者も嫌いだ。

Ｂさん　兄さんだけじゃなくて僕だって消費税のおかげで大変なん
　　だよ。店内飲食は標準税率だけどテイクアウトと宅配は軽減税率
　　になるんだ。値段も変えなきゃいけないし、簡易課税の事業区分
　　とも範囲が違うし、毎年ドタバタしながら申告してるんだ。

　食品衛生法上の飲食店・喫茶店など、飲食設備のある場所などにおいて提供される食事は軽減税率の対象とはなりません。具体的には、テーブルや椅子、カウンターなどの設備のある場所で食事を提供する場合には、標準税率が適用されるということです。

　これに対し、飲食料品を持帰りのために容器に入れたり包装して販売する場合には、飲食料品の譲渡として軽減税率が適用されることになります。したがって、Bさんの場合には、店内飲食の売上高は標準税率、テイクアウトは軽減税率が適用されることになります。

　また、宅配は「飲食設備等のない場所において行う食事の提供」であり、軽減税率が適用できることになります（軽減税率Q＆A（個別事例編）問51・64・77）。

　Aさんの場合はどうなるのでしょう…ビールケースをひっくり返して板を置いただけの「椅子らしき物体？」が果たして設備といえるのか…（国税庁では、「椅子」と認識し、標準税率を適用するつもりのようですが）。はたまた屋台の近くに公共のベンチが設置してあり、ここで食べたらどうなるのでしょうか…客が自前の椅子に座っておでんを食べたら２％値引になるのでしょうか…考えるだけ空しいというか馬鹿らしい気がしてきました（笑）。

＜簡易課税制度との関係＞

　飲食店が簡易課税制度の適用を受ける場合には、店内飲食は第４種事業、テイクアウトは製造小売業として第３種事業に区分することとされています。

　宅配による売上高は店内飲食の延長線上にあるものと考え、原則として第４種事業に区分することとなりますが、宅配専門のピザ屋さんのように、飲食設備のない宅配専門の業者の場合には、宅配による売上高であっても第３種事業に区分することができます。

　また、缶コーラのような仕入商品を販売する場合には、店内での提供や宅配の売上高は飲食物の提供として第４種事業となるのに対し、テイクアウトの売上高は仕入商品の販売として第２種（第１種）事業の売上高に区分することができるのです。Bさんが混乱するのも分かるような気がします。

26 旅館業

温泉街で旅館経営をしている老夫婦の会話です。

夫 2年半延期にはなったものの、結局、消費税は増税されちまったな。

妻 そうなのよね…値上げしないで何とか頑張ってきたけれど、コロナの影響もあるし、そろそろうちも限界だと思わない？

夫 よその温泉旅館は消費税を別に頂戴するところがけっこう増えてるみたいだな。消費税の負担も大きくなるし、うちもこのあたりで料金改定をするしかないんだろうな。ところで、飲物や食事代なんかは8％の税率のままらしいけど、うちみたいに宿泊料金と食事代がセットになっている場合にはどうやって区分するんだろう？

妻 飲食料品といってもお酒はダメらしいわよ。あと、食堂やレストランの食事もダメらしいのよ…旅館の食事はどうなるのかしら…微妙な感じよね。

夫 もし食事代が軽減税率になるんだったら、あらかじめ料金を区分表示しておく必要がありそうだな。ちょっと金がかかるけどパンフレットも作り変えてようか。

妻 お土産も野沢菜漬のような食料品は軽減税率になるのよね...面倒だわ〜。

夫 部屋の冷蔵庫に入れてある飲物だけど、最近の客は持込みばか

りでほとんど利用しないよな。

妻　お値段が高いものね（笑）

夫　いっそのこと100円テレビと一緒にやめちまうか？　この間も宿泊客が、「100円テレビなんて何十年ぶりにみました」って（嫌味たっぷりに）言ってたぞ。

妻　もったいないって分かっていても、することないと100円玉使ってテレビ見ちゃうのよね。新しいテレビを買うのにもお金がかかるわけだし、僅かでも儲かるんだからこのままでいいわよ。

　食品衛生法上の飲食店・喫茶店など、飲食設備のある場所などにおいて提供される食事は軽減税率の対象とはなりません。よって、旅館における食事の提供も軽減税率は適用されませんのでご注意ください。一方で、缶コーラなどの飲料の販売は軽減税率の対象となりますので、自動販売機で販売する場合のほか、部屋に設置してある冷蔵庫内に置いてある飲物も原則として軽減税率になります（軽減税率Ｑ＆Ａ（個別事例編）問72・73）。

　まぎらわしいのは簡易課税との関係です。簡易課税の事業区分では、缶飲料のような仕入商品の販売は原則として第1種（第2種）事業となる一方で、加工品の販売は製造小売業として第3種事業になります。食事の提供は原則第4種事業ですが、宿泊料金と区分していない場合には全額が宿泊業として第5種事業となるのです。

旅館業の事業区分と適用税率

取引内容	事業区分	留意事項	税率
宿泊料金（食事付の料金）	第5種事業	料金を明確に区分請求している場合は、食事代を第4種事業に区分することができます。	10%
ルームサービス	第4種事業	指定された部屋を「飲食設備」とみなしますので標準税率になります。	10%
部屋に備え付けてある冷蔵庫内の飲物の売上高	第4種事業	部屋の中で提供するものであり、「飲食サービス業」の売上高として第4種事業に区分することになります。	8%
廊下に設置してある自動販売機による飲物の売上高	第2種事業	仕入商品の販売であり、購入者が事業者か消費者かが不明であることから第2種事業となります。	酒類→10% 酒類以外の飲物→8%
土産品（仕入商品）の売上高	第2種事業または第1種事業	仕入商品の販売は、購入者が事業者であれば第1種、消費者であれば第2種事業に区分します。自家製の漬け物など、加工品の販売は「製造小売業」として第3種事業に区分します。	飲食料品→8% 飲食料品以外の土産品→10%

27　学生食堂と学校給食

某大学の学生の会話です。

Aくん　消費税が引上げになったもんだから学生食堂の定食も値上げされちゃったね。

Bくん　小中学校の給食は軽減税率らしいんだけど、いったいどこが違うんだろう。

Aくん　学校給食は選択肢がないからじゃないの？　自分の机に拘束されて、嫌いなものがあっても我慢して食べなくちゃならないから軽減税率にしているんだよ。学食も似たようなもんだけど、レパートリーがそこそこあるし、椅子とテーブルも用意してあるから標準税率ということだ！

Bくん　食堂でも出前やテイクアウトは軽減税率になるんだよね？　M屋の自動券売機は、はじめに「店内」か「弁当」かを選ぶボタンがある。店内で食べないで「弁当」を選べばテイクアウトとして軽減税率になるはずなんだけどなぜか「弁当」も「店内」も値段は同じなんだよね。

Aくん　店内で食べると無料で「味噌汁」が付いてくるんだよね。テイクアウトだと味噌汁が付かないから、僕は一度もテイクアウトしたことがないんだ。消費税２％と味噌汁代はお店が負担していることになるのかな？

Bくん　コンビニのお弁当をイートインコーナーで食べたらどうな

るんだろう。M屋の牛丼みたいに「店内」ということで標準税率になるのかな？

Aくん　僕のおじいちゃんは特養ホームにいるんだけど、食事代はどうなるんだろう。学校給食と同様に軽減税率になるような気がするんだけど…。

Bくん　噂によると特養ホームのなかには注文すればものすごい豪華な食事を提供するところもあるらしいじゃない。こんなのは当然軽減税率にはならないんだよね？

なかなか線引きの難しいところではありますが、改正法施行令と取扱通達、国税庁のＱ＆Ａなどを参考に解説してみたいと思います。

＜学生食堂と学校給食＞

学校給食は軽減税率になります。学校は生徒にとって生活の場であり、自宅で食事するのとそう変わらないことがその理由だそうです。老人ホームでの食事も同じ理由で外食とはせず、軽減税率を適用することにしたようですが、贅沢な食事は軽減税率とはなりません（Ｑ＆Ａ（個別事例編）問80）。

ただし、学生食堂や社員食堂での食事については軽減税率の対象とすることができません。高校生や大学生の場合には、学食もあれば売店もあります。また、自宅から弁当を持参することもできますので、自宅での食事の延長と考えて軽減税率を適用することには無理があるとの考えです（軽減税率Ｑ＆Ａ（個別事例編）問49・81）。

<コンビニ弁当>

　コンビニ弁当をレジで購入し、これをイートインコーナーで食べる場合には外食扱いで標準税率になります。また、トレーに載せて席まで持ってきてもらう場合ももちろん標準税率です（軽減税率Q＆A（個別事例編）問52）。

<機内食と駅弁>

　新聞記事によれば、機内食は外食扱いになるのに対し、ＬＣＣなどの格安航空会社の機内で持ち帰りのできる弁当を購入した場合には軽減税率でよいそうです。新幹線の車内で購入する駅弁も持ち帰りができますので軽減税率となります（軽減税率Q＆A（個別事例編）問69）。

＜出前とケータリング＞

　料理を出前した場合には軽減税率になりますが、パーティー会場などにシェフが出張して料理するケータリングと呼ばれるサービスは標準税率となります（軽減税率Ｑ＆Ａ（制度概要編）問10・Ｑ＆Ａ（個別事例編）問75）。料理する順序が違うと税率も違ってくるということですね（笑）。

28　牛、豚、魚などの税率

肉屋　とうとう軽減税率がはじまっちまったけれども、俺達の店で
　　　売ってる肉や魚は食料品だから８％のままでいいみたいだな？

魚屋　それがどうやら違うみたいなんだ。噂によると、生きたまま
　　　で販売すると、肉や魚でも10％の税率で課税されるらしいんだよ。

肉屋　俺の店で売ってるバラ肉や挽き肉は死んでる（？）から８％
　　　でいいってことだな？

魚屋　僕の店はどうなるんだろう…。魚は冷凍ものだからいいとし
　　　ても、アサリやシジミのような貝類は生きたままで仕入れてきて
　　　販売してる。ということは、貝類だけは10％になるのかな…。

　国税庁の軽減税率Ｑ＆Ａ（個別事例編）問２によると、食用の生
きた家畜は販売時点では食用に供されるものではないため「食品」
に該当せず、標準税率が適用されるとしています。一方で、活魚に
ついては食用であることから「食品」に該当し、軽減税率の適用対
象になるとしています（問３）。Ｑ＆Ａを読む限りにおいては、「生
食用」かどうかということが判断基準になっているように読めるの
ですが…。

肉屋　なるほど！　要は活き作りとして食べられるかどうかで税率

　が決まるということだ。活魚は活き作りでそのまま食べられるから8％になるけど、牛や豚を活き作りで食べる人はいないから10％になるんだな（妙に納得している）。

魚屋　でもうちの店で販売しているアサリやシジミを生で食べる人はいないと思うんだ。生食用かどうかで税率が決まるというのもなんか納得いかないな。

肉屋　ペットショップで販売している熱帯魚なんかはどうなるんだろう。熱帯魚は鑑賞用だから10％になると思うんだけど、食用として売ってたら8％になるのかな？

魚屋　ひまわりの種なんかはどうなるんだろう。鑑賞用のひまわりの種は10％でハムスターの餌は8％になるのかな？

肉屋　ペットの餌はダメなんじゃないか？

　軽減税率の対象品目である「飲食料品」とは、食品表示法に規定する食品をいうこととされており、その具体的な範囲は食品表示基準の別表に列挙されています。別表第2＜生鮮食品＞では、2に食肉などの畜産物、3に魚や貝などの水産物が列挙されています。3の水産物には、「生きたものを含む」とのかっこ書がありますので、国税庁のQ＆Aはこの食品表示基準を参考に作成されたものと思われます。

　軽減税率が適用されるかどうかの判定は、飲食料品として販売したかどうかで判断します（軽減税率Q＆A（制度概要編）問11）。したがって、鑑賞用の魚は（食べないとは思いますが）購入者が食べても標準税率が適用される一方で、食用の魚は購入者が飼育する目的であったとしても軽減税率が適用されることになります（Q＆A（個別事例編）の問3には、熱帯魚などの鑑賞用の魚は「食品」に該当せず、軽減税率は適用されないことが明記されています）。

　また、軽減税率の対象となる「食品」とは、人間の飲食用に供されるものをいいますので、家畜の飼料やペットフードは「食品」には該当せず、標準税率が適用されることになります。したがって、お花屋さんやペットショップで販売しているひまわりの種を人が食べても当然に軽減税率とはなりません。

29　コーヒー屋さんの税率

コーヒー屋さんを経営している夫婦の会話です。

妻　持ち帰りのコーヒーと店内で飲むコーヒーで税率が違うんだから、やっぱり店内分は値上げするしかないのかしら…。

夫　持ち帰りが８％で店内が10％か…うちみたいに税込みで値段設定をしていると、２％の消費税を値段に反映させるのは無理だよな。いっそのことどっちも値上げして均一料金にしてしまおうか。

妻　コーヒーチケットはどうするの？　チケットは売った時に売上計上してるけど、持ち帰り用か店内利用かはチケットを売ったときだと分からないじゃない。色分けでもして持ち帰り用と店内用を別々に発行するしかないのかしら…。

夫　そんなことしたら客が面倒くさがって来なくなるような気がするぞ。何かうまい方法はないのかな…？　ところで、今さらながらだけれども、うちが同業のMさんに販売しているコーヒーの生豆は８％でいいのかな？　生豆は焙煎しないとコーヒーとして飲めないわけだから、生豆のままだと10％になるような気がするんだよ。

妻　T社の生豆を焙煎加工して手数料貰ってるけど、あの手数料収入も気になるわ…焙煎したコーヒー豆は挽くだけで飲めるわけだからお茶と同じで当然に８％よね。だったら手数料収入も８％でいいと思わない？

◉ポイント

　コーヒーチケットにコーヒー豆の販売、さらには焙煎加工の手数
料収入と、ご夫婦の軽減税率に関する悩みはつきないようです。

＜コーヒーチケットの取扱い＞

　コーヒーチケットの売上金は前受金であり、原則として課税の対
象とはなりません。したがって、実際に顧客がチケットを利用した
時に売上げを認識し、店内飲食なら標準税率、持ち帰りなら軽減税
率として処理をすることになります。

　ところで、このご夫婦のお店のように、コーヒーチケットを販売
したときに売上計上する場合には、チケット販売時には店内飲食か
持ち帰りかの判断ができません。そこで、国税庁の軽減税率Ｑ＆Ａ

（個別事例編）問57では、チケットを区分するなどの方法で対処するよう指導しています。非現実的ではありますが、奥さんの言うように、チケットを色分けでもして販売しろということなのでしょうか…？

　私見ではありますが、コーヒーチケットによりコーヒーを提供（販売）する場合には、混乱を防ぐ意味からも、店内飲食と持ち帰りの料金は均一にせざるを得ないように思います。その上で、コーヒーチケットの販売時にいったん８％（10％）で売上計上してはいけないのでしょうか？　例えばチケット販売時に８％で売上計上しておいて、お客さんがチケットを使って店内で飲食した場合には、８％の売上高を値引処理したうえで、10％の売上高を洗い替え計上するほうが合理的だと思うのです。

＜生豆の販売と焙煎加工＞

　コーヒーの生豆をそのまま食べる人はいないでしょうが、生豆を焙煎してコーヒーとして飲用することから、コーヒー豆を生のままで販売する場合でも軽減税率が適用できるようです（軽減税率Ｑ＆Ａ（個別事例編）問５）。

　ただし、生豆の支給を受けて焙煎加工する場合の加工行為は、飲食料品の譲渡とは本質的に異なるものです。「加工」という役務提供に該当しますので、たとえコーヒー豆の加工であっても軽減税率とはなりません（軽減税率Ｑ＆Ａ（個別事例編）問40）。

30　ミネラルウォーターと水道水

学生仲間の会話です。

Aくん　不思議なんだけど、「い○は○」っていうミネラルウォーターは、1リットル容器のボトルより2リットル容器のボトルのほうが格段に安いんだ。これってどういうことなんだろう？

Bくん　中身はたかが水なんだから、軽くて持ち運びが便利なほうが割高になるってことじゃないの？　それよりも、そもそもミネラルウォーターは軽減税率になるのかな…。

Aくん　お茶が軽減税率になるみたいだから、ミネラルウォーターも当然に軽減税率じゃないの？

Bくん　水道水はどうだろう…。洗濯や風呂にも使うんだから、水道水は標準税率なんだろうね。

Aくん　僕のかかりつけの薬局にはウォーターサーバーが設置してあって、お客さんは自由にサーバーの水を飲むことができるんだ。ミネラルウォーターが軽減税率になるんだったら業者から購入するサーバー用の水も軽減税率になるんだよね。

Bくん　ウォーターサーバーはレンタルだろうから、水の仕入代金のほかにレンタル料を支払うことになる。サーバーのレンタル料は飲食料品じゃないから標準税率ということになりそうだ…なんだかわけがわかんなくなってきたぞ…。

　飲料水として販売されるミネラルウォーターは「食品」に該当し、軽減税率が適用されますが、水道水は炊事や飲用のための「食品」としての用途のほか、風呂、洗濯といった生活用水としての用途にも利用されますので軽減税率の対象とはなりません（軽減税率Q＆A（個別事例編）問8）。

　また、ウォーターサーバー用の水は飲料水として軽減税率が適用されますが、ウォーターサーバーのレンタル料は飲食料品の対価ではありませんので標準税率となります（軽減税率Q＆A（個別事例編）問10）。

＜軽減税率の適用対象取引＞

軽減税率は、そもそもが低所得者対策として導入されたわけですが、どういった議論を経て、対象品目が飲食料品に決定されたのでしょうか…。生活必需品であるとともに線引きが明確で、かつ、税収に与える影響が少ない品目といえば、筆者は水道光熱費のほうがはるかに優れていると思うのです。

現に諸外国でも水道光熱費を軽減税率にしている国は沢山あるのです。密室で知らぬ間に対象品目が飲食料品と新聞に決定されたということが、とてもとても残念でなりません。

当たり前のことですが、電気や水道がないと人は生きていくことはできません。また、水道光熱費はその正体がはっきりしていますので、飲食料品のように線引きが曖昧になることもありません。飲食料品を軽減税率にすると、トリュフやフォアグラなどの高級食材にも軽減税率が適用されることになりますが、電気や水道には品質による価格差はありませんので、このような問題も解消されることになります。。

加えて税収に与える影響ですが、家庭用の水道光熱費に８％の軽減税率を適用した場合の減収額は、飲食料品に軽減税率を適用した場合の減収額（１兆円）のおよそ40％程度です（総務省統計局の家計調査により試算）。1000兆円を超える借金を抱える日本の台所事情を考えると、なぜにもっと慎重な判断ができなかったのかと悔やまれます。

水道光熱費という議論なきままに、なぜ、飲食料品と（あろうことか）新聞に決まってしまったのでしょうか…。

31 食品添加物の適用税率

主婦仲間の会話です。

A子さん 毎日、毎日、主人や子どものお弁当や献立を考えるのって疲れない？

B子さん （びっくりしながら）手料理なんか実際に作ったりしてるの？　私はもっぱらレトルト食材ばっかりよ。

A子さん 最近のレトルト食品ってすごいものね…。私なんかレトルトの肉じゃがとかを、いかにも自分が作ったのよ？みたいなフリしていつも主人に食わしてるわよ。

B子さん 「おまえの手料理は旨いよな」とかいいながらレトルトとも知らずにご機嫌で食べてるんだから男なんて単純なものよね。

A子さん 自慢じゃないけど、そうは言っても、私だって手料理を作ることも（たまには）あるのよ。出汁とりから始めるんだけど、実際やってみるとけっこう大変なのよね…。

ところで、食料品には軽減税率が適用されているらしいんだけど、料理をするときに使用する「食品添加物」って軽減税率になるのかしら？

B子さん 何年か前に金沢の武家屋敷跡を観光したことがあるんだけど、金沢って金箔が有名なのよね。そのせいかどうかわからないけど「金箔ソフト」っていう金箔をまぶしたソフトクリームが結構なお値段で売られていたのを覚えているわ。

A子さん　金箔ってどんな味がするの？

B子さん　金箔の味はわからなかったんだけど、この金箔って食品
　添加物だから軽減税率になるのかしら？

Aさん　さすがに金箔はダメなんじゃないの？　その理屈で言った
　らソフトクリームの上に金の延棒乗っけたら金の延棒も軽減税率
　になってしまうわよ。

B子さん　「重曹」はどうなるのかしら？

A子さん　「重曹」ってなあに？　機関銃のこと？

B子さん　（呆れながら）あなたって本当に炊事も洗濯もしないの
　ね…。「重曹」ってのはお掃除の時の汚れ落としや料理をすると
　きの添加物として使うものなんだけど、「重曹」を知らない主婦
　がいるなんて前代未聞だわ！

A子さん　…。

　食品の製造や加工のために添加される食品衛生法に規定する「添加物」は「食品」に該当し、軽減税率の適用対象となります。

　したがって、たとえ金箔であっても食品の添加物として使用する限りは軽減税率を適用することができます（軽減税率Ｑ＆Ａ（個別事例編）問18・19）。

　「重曹」は、清掃用として使用することができる一方で、食品添加物としても利用することができます。

　このように、利用方法が食用に限定されていない商品であっても、食品添加物としての表示がされている重曹は「食品」に該当し、軽減税率を適用することができるようです（軽減税率Ｑ＆Ａ（個別事例編）問20）。

　また、軽減税率を適用するかどうかの判断には購入者の利用方法は関係ありません。人の飲食用として販売した商品は、たとえ購入者がその他の用途に利用した場合であっても軽減税率を適用することができます（軽減税率Ｑ＆Ａ（制度概要編）問11）。　したがって、食品添加物として販売した食紅（商品）を化粧品メーカーが購入し、化粧品の原材料として使用する場合であっても軽減税率が適用されることになります（軽減税率Ｑ＆Ａ（個別事例編）問21）。

32 送料と容器の取扱い

デパートの店員の会話です。

K子さん 食料品には軽減税率が適用されてるらしいんだけど、食料品だったら値段に関係なく軽減税率が適用されることになるのかしら…。

P子さん うちのデパートで販売している高級和菓子や最中なんて一箱で１万円くらいするじゃない。裕福そうな奥様方がお買い求めになっていかれるけれども、あれも軽減税率になるのかしら？

K子さん そもそも飲食料品を軽減税率にしたのは、飲食料品が生活必需品だからでしょ？　高級和菓子や高級最中が生活必需品っておかしいと思わない？

P子さん 絶対に値段で線引きしないと不公平よ！　オージービーフと松阪牛がどちらも軽減税率ってのはどう考えても納得いかないわ！

K子さん 「いきなりステーキ」はどうかしら…。庶民的な値段設定だからこれは軽減税率でいいのかな？

P子さん 「いきなりステーキ」は外食だからそもそも軽減税率には絶対にならないのよ。一番安いステーキ肉を立ち食いしても標準税率…やっぱり納得いかないわよね。

K子さん 贈答用の和菓子は、箱代とか送料を別にいただいてるけれども、箱代や送料も軽減税率になるのかしら…。

P子さん　食料品が軽減税率になるんだから箱代や送料も軽減税率
でいいんじゃないの？　「和菓子１万円、箱代千円」と値段を表
示すれば箱代が標準税率になって、箱代込みで値段を１万1000円
に設定すれば全部が軽減税率になるとしたら変じゃない？

K子さん　うちのお店で九谷焼の陶器に佃煮をセットした商品を
売ってるわよね。これって軽減税率対象品ということでいいのか
しら…。

P子さん　陶器の料金を区分すると標準税率になる…？　区分しな
いと「佃煮」ということで全体が軽減税率になる…？　九谷焼の
陶器は「食品の容器」というよりも、装飾品の陶器よね。これに
おまけで「佃煮」が付いているって考える方が自然じゃないかし
ら…。

　飲食料品を販売する際の容器代ですが、ペットボトルや使い捨てのトレーなどは飲食料品の販売に必要なものであり、当然に軽減税率を適用することができます。ただし、陶磁器やガラス食器のように、装飾品として利用したり再利用が可能な容器に収納して販売する場合には一体資産としての判定が必要となりますので、その商品の価額が１万円以下で、かつ、飲食料品の価格の割合が３分の２以上の場合に限り、軽減税率を適用することができます（軽減税率Ｑ＆Ａ（制度概要編）問５／（個別事例編）問25）。

　そうすると、佃煮が入った九谷焼の陶器は、どう考えても佃煮の価額は商品の価格の３分の２以下になると思われますので、陶器に佃煮が入っていたとしても、結果としてこの商品には軽減税率を適用することはできません。

　また、商品の代金とは別に容器代や送料を受領する場合には、その容器代や送料は標準税率が適用されますが、容器代や送料込みで値段設定をする場合や料金をサービスする場合には、飲食料品の売上高の全額に軽減税率を適用することができます（軽減税率Ｑ＆Ａ（個別事例編）問25・39）。

33 セルフサービス

食堂の夫婦の会話です。

主人 うちの店も開業して早30年か…。若者向けのファミレスにばかり客が集まるんで、うちみたいな大衆食堂は客足が減る一方だ。ここいらあたりが潮時なのかもしれねえな…。

奥さん 何でも新しければいいってものじゃないのよ。昔ながらの「券売機とセルフサービスが懐かしい」っていうお客さんも多いんだから、気を落とさないでまだまだ頑張らなくちゃ！

主人 ところで、うちみたいなセルフサービスの食堂でも、料理の提供は標準税率が適用されることになる。食券の売上高はしかたないとして、うちの店では飲料は食堂内の自動販売機で買ってもらうことにしているわけだから、これは軽減税率でいいんだよな？

奥さん 自動販売機の飲み物が軽減税率になるのはわかるのよ。でも、セルフサービスのお店のなかには、厨房の冷蔵庫から飲料を取り出して、これをカウンターで料理と一緒に提供するお店があるわよね。これって料理と一緒に提供しているわけだから、軽減税率にはならないと思うのよ。

主人 味噌汁ならいざ知らず、缶コーラや缶ウーロン茶をそのままの状態でカウンターで提供したら軽減税率でいいんじゃないのか？

奥さん　氷を入れたグラスに注いでストロー付きで提供したら標準税率よね。じゃあ、氷を入れたグラスといっしょに缶コーラを提供したらどうなのかしら…。私はこれも標準税率になると思うのよ。そうすると、うちのお店みたいに食堂内に設置した自動販売機で販売する飲料は、食堂の中で定食と一緒にお客さんが飲み食いするわけだから、結局のところ標準税率にせざるをえないと思うのよ。

主人　食堂の外に設置してある自動販売機の売上高は軽減税率になる…ということは、自動販売機の設置場所によって税率が異なってくるということなのか？

標準税率が適用される「外食」とは、イス、テーブルなどの飲食

118

設備がある場所において行われる飲食サービスをいいます。したがって、セルフサービスのお店であっても、飲食設備のある場所で顧客に飲食させる限りは軽減税率を適用することはできません（軽減税率Ｑ＆Ａ（個別事例編）問50）。

　屋台のラーメン屋などでは、洗い物を極力少なくするために、缶飲料やペットボトル飲料をコップに注がずにそのまま提供することがありますが、このような場合であっても、これらの飲料はラーメンとともに屋台で提供するものですから標準税率の適用となります（軽減税率Ｑ＆Ａ（個別事例編）問63）。缶やペットボトルのまま提供しようが、コップを添えて提供しようが、コップに注いで提供しようがその取扱いが変わるものではありません。

　簡易課税制度の適用を受けようとする場合の事業区分ですが、ご主人の食堂のように、店内の自動販売機で販売する飲料は、店内で定食とともに飲食するものなので第４種事業となります。奥さんの危惧するように、カウンターで定食とともに提供しようが自動販売機により提供しようがその取扱いが変わるものではありません。

　ただし、自動販売機による飲食料品の販売については、簡易課税の事業区分に関係なく、軽減税率を適用することができるようです。

　食堂の中に設置してある自動販売機による飲料の提供は第４種事業に区分されますが、軽減税率を適用することができます。食堂の外に設置してある自動販売機による飲料の提供は第２種事業に区分され、こちらも軽減税率が適用されることとなりますので、簡易課税制度の適用を受けようとする場合には、事業区分と適用税率の微妙なズレに注意する必要がありそうです。

34　ファストフードと回転寿司

親子の会話です。

太郎くん　消費税の税率は10％だよね。花子ちゃんがハンバーガー
　　は8％のままだって言ってたけど本当なの？

お父さん　花子ちゃんはファストフード店のテイクアウトのことを
　　言ってるんだね。消費税の税率は10％なんだけれども、同時に飲
　　食料品には8％の軽減税率が適用されてるんだ。ハンバーガー屋
　　さんであれば、テイクアウトするハンバーガーやコーラなんかは
　　飲食料品として8％の軽減税率が適用されることになる。ただし、
　　店内で食べるハンバーガーは「外食」として10％で課税されるん
　　だ。ハンバーガーが8％になるわけじゃないんだよ。

太郎くん　持ち帰るつもりで注文したんだけれども、会計が終わっ
　　た後で気が変わって店内で食べたらどうなるの？

お父さん　持ち帰るつもりで買ったんなら8％のままでいいみたい
　　だよ。店員さんだって「店内でお召し上がりになるなら、あと
　　2％お支払いください」とは言えないと思うんだ。でも、はじめ
　　から店内で食べるつもりだったのに「持ち帰ります」と嘘つい
　　ちゃいけないよ。

太郎くん　回転寿司でお寿司を食べると10％で課税されることにな
　　るけど、お持ち帰りのお寿司は8％でいいということだね？　こ
　　の間お父さんと回転寿司でお昼を食べた時、食べ残したお寿司を

店員さんにお願いして、パックに詰めて持ち帰ったじゃない。店
員さんにお願いすれば、食べ残したお寿司の料金だけは２％安く
なるということだね。

お父さん　あらかじめ注文しておいたお寿司を持ち帰るんなら８％
でいいけれど、食べ残したお寿司の持ち帰りは「テイクアウト」
じゃないから軽減税率にはならないんだ。だからよく吟味してお
皿を取るようにしなくちゃいけないよ。あと、ウニとアワビとト
ロはこれからも食べちゃダメだからね（笑）。

　ファストフード店におけるテイクアウト商品には軽減税率が適用
されますが、購入した商品を店内で飲食するのか持ち帰るのかの判
断は、商品を販売する時点において、顧客の意志を確認するなどの

方法によることとされています（軽減税率Q＆A（個別事例編）問58）。したがって、持ち帰り用として購入した飲食料品を店内で飲食した場合でも、当初「持ち帰ります！」と意志表示して購入したからには軽減税率を適用することができるようです。ただ、このような行為が日常茶飯事のように横行するようになると、誰も真面目に「店内で食べます！」と言わなくなるような気がします。子どもの教育上も、大いに問題があると思うのです…。

　回転寿司の適用税率ですが、あらかじめ顧客が持ち帰り用として注文したものは「飲食料品の譲渡」に該当し、軽減税率の適用対象となります。これに対し、店内で食べる寿司は「外食」として標準税率が適用されますので、食べ残した寿司をパック詰めして持ち帰った場合であっても、あらかじめ持ち帰り用として注文したものでない限り、軽減税率を適用することはできません（軽減税率Q＆A（個別事例編）問61）。顧客が注文した料理の残りを折り詰めにして持ち帰らせるサービスを行っている料理店は、その場で飲食するために料理を提供するのであり、その時点で「外食」に該当することになります。結果、その後食べ残した料理を持ち帰ることとした場合であっても、その持ち帰り分について、軽減税率を適用することはできません（軽減税率Q＆A（個別事例編）問59）。

35　イートインコーナー

　前回（34　ファストフードと回転寿司）に引き続き、太郎くんと
お父さんの会話です。

太郎くん　コンビニって何でも揃っていて値段も手頃で本当に便利
　　だよね。

お父さん　しかも24時間営業だから、お父さんみたいに朝早く出か
　　けて夜遅くに帰ってくるサラリーマンには本当にありがたいんだ。
　　うちに帰ってから「お茶漬けが食べたい」なんて言ったら間違い
　　なくお母さんに怒られるんで、お腹が空いたときなんかはコンビ
　　ニのイートインコーナーでおにぎりやカップラーメンを食べてか
　　ら帰ることがあるんだよ。

太郎くん　うちのお母さん怖いもんね（笑）。ところで、イートイ
　　ンコーナーでおにぎりやカップラーメンを食べたときの消費税の
　　税率はどうなるの？

お父さん　実はそれがよくわからないんだよ…。コンビニは食堂
　　じゃないから8％でいいと言う人と、イスに座って飲食するんだ
　　から10％になると言う人がいる…。レジで「イートインコーナー
　　を利用します」とさえ申告しなければ8％でいいという意見も
　　あって、何が本当だかよくわからないんだ。

ポイント

　コンビニでは、ホットドックやカップラーメンのように持ち帰ることも店内で飲食することも可能な商品を扱っていますので、このような商品を販売する場合には、原則として、顧客に対して店内飲食か持ち帰りかの意思確認をする必要があります。

　コンビニで買い物をする場合には、お茶やおにぎり、カップラーメンなどの雑多なものをカゴに放り込んでレジに持っていきます。レジで店員が「ピッ…ピッ」とバーコードを読み込んで会計をするわけですが、飲食料品がでてくるたびに「これはどうするんですか？」と意思確認をするのも大変だし、あまりにも非効率です。

　そこで、コンビニで販売する商品は、その大半が持ち帰りであることを前提としているものであることから、全ての顧客に店内飲食

か持ち帰りかを質問する必要はなく、例えば、看板などで「イートインコーナーを利用する場合はお申し出ください」等の掲示をして意思確認を行うなど、営業の実態に応じた方法で意思確認を行うことが認められているようです（軽減税率Ｑ＆Ａ（個別事例編）問52）。

　セブンイレブン、ローソン、ファミリーマートなどの大手コンビニ３社などは看板作戦で対応していたようですが、実際には、顧客が看板に気が付かずにイートインコーナーを利用することも多かったみたいです。おそらくは、店員は気づいても見て見ぬ振りをするのではないでしょうか…。また、顧客サービスを考えると、現実問題として追加料金（２％）を徴収することもできないものと思われます。

　スーパーマーケットのサッカー台（購入品を袋に詰めるための台）のように、顧客による飲食を想定していない設備はそもそもが飲食設備に該当しません。したがって、他に飲食設備がないことを条件に、顧客の意思を確認することなく、軽減税率を適用することができます。また、休憩スペースに「飲食はお控えください」といった掲示を行っている場合にも顧客の意思確認は必要ありませんが、それが形式上のものであり、実態として休憩スペースでの飲食を黙認しているような場合には、その休憩スペースでの飲食分は標準税率の適用となりますのでご注意ください（軽減税率Ｑ＆Ａ（個別事例編）問53）。

　良識を持って、この非常識な制度に対応せざるを得ないというのが率直な感想です…。

36　価格の表示

学生仲間の会話です。

Aくん　持ち帰りと店内飲食で牛丼の値段は今後も変わらないのかな。

Bくん　牛丼は僕らの主食みたいなものだから値上げは実に深刻な問題だ。

Aくん　持ち帰り用の牛丼は食品ということで8％の軽減税率が適用されるんだけど、店内飲食は「外食」ということで10％税率になる…。ということは、店内飲食の牛丼を2％値上げしないと採算が合わないことになる。

Bくん　○○屋の牛丼は券売機で食券を買ってから注文するシステムになっているけれど、10円刻みの料金体系で、2％の値上げなんてできないんじゃないの？　牛丼の並盛が400円だから、「$400円 \times \dfrac{110}{108} = 407.407\cdots$」これじゃ券売機が使えないじゃないか！

Aくん　きっちり2％値上げする必要もないんじゃないの？　10円未満の端数を切り上げて410円にしたって誰も文句は言わないと思うんだけど…。

Bくん　そんなことしたら真面目な日本人？はすぐに「便乗値上げだ！」とか言いだして炎上騒ぎになるんだよね。

Aくん　前から気になってたんだけど、「便乗値上げ」っていけないことなのかな…公共料金ならいざ知らず、民間取引でどんな価

格設定をしたって問題ないんじゃないの？　うまい料理はどんな
に値段を高くしたってお客さんは来るし、まずい料理はどんなに
安くしたって誰も食わないハズなんだ。どのタイミングで値上げ
をしようと、顧客が納得していれば何も問題ないと思わないか
い？

Bくん　ドイツの売上税は、飲食サービスの税率が19％（標準税
　　率）で飲食料品の税率が７％（軽減税率）になっているのに、マ
　　クドナルドのハンバーガーは、店内飲食もテイクアウトも均一料
　　金らしいんだ。これってどういうことなんだ？

Aくん　例えば、テイクアウトの税抜価格が102円で、店内飲食の
　　税抜価格が100円の場合には、税込価格はどちらも110円になる。

102円＋102円×8％≒110円

100円＋100円×10％＝110円

　券売機を使う飲食店は、10円単位で価格設定をすることになる
だろうから、ドイツのマクドナルドのような戦略も検討していく
必要がありそうだ。

Bくん　経営という視点からみた場合には、ある意味合理的だとは
思うけど、軽減税率が低所得者対策という目的で導入されたこと
を考えると矛盾だらけだよね（笑）

　Aくんの意見に賛成です！　消費税は価格に織り込んで転嫁する
（消費者に負担させる）ものです。よって、問屋と小売業者との取
引のような、いわゆる事業者間（B to B）取引は外税決済、消費
者などとのB to C取引は内税決済というのが国際常識のハズなの
です。にもかかわらず、平成26年の税率引き上げの際には、とある
業界団体の要望により、総額表示義務が期間限定で解除され、外税
決済が事実上解禁されてしまいました。「総額表示だと物価が上
がったような印象を与える」ということなのでしょうか…。スー
パーやコンビニならまだしも、ファミレスや居酒屋までもがそろい
も揃って軒並み外税表示です。焼き鳥1本199円という値段表を見
て不愉快な思いをしているのは筆者だけではないと思います。

　小手先だけの幼稚な発想により、10年もかけてやっとこさ定着さ
せた総額表示制度が台無しです。なぜ、日本の官僚や政治家は将来
を見据えた制度設計ができないのでしょう…。

37 コーヒーの配達と味噌汁の取り分け

お弁当屋さんの夫婦の会話です。

主人 食料品の宅配や出前は軽減税率になるらしいから、うちの店で配達している弁当も軽減税率でいいんだよな？

奥さん そこが実は気になってるのよ…。うちのお店はお弁当を配達するときに、サービスとしてお味噌汁をお椀に注いでいるじゃない。この味噌汁の「取り分け」というサービスがあると、軽減税率を適用することはできないらしいのよ…。

主人 どういうことなんだ？ 味噌汁は飲食料品じゃないってことなのか？

奥さん そういう意味じゃなくて、配達先で「味噌汁をお椀に注ぐ」という行為が「ケータリング」というサービスに該当して、外食サービスとみなされるらしいのよ。

主人 「ケータリング」って何だ？

奥さん いわゆる「出張料理」のことよ。パーティーなんかがあったときに、シェフが食材と調理器具を持参して出来立ての料理を振る舞うことがあるけれども、あれはレストランがそのまま出張？ したのと変わらないから標準税率が適用されるということらしいのよ。

主人 味噌汁をお椀に注いだだけで何で出張料理になるんだ？

奥さん うちの店の向かいに「ＫｉｎｇＢｅａｒ」っていう喫茶店

があるでしょ。あそこのマスターとこの間立ち話をしたんだけど、あの喫茶店では近所の会社に依頼されて、会議室にコーヒーの出前をすることがあるみたいなの。マスターの娘さんがコーヒーポットを配達し、会議室でお偉いさんに煎れたてのコーヒーを給仕するんだけれど、どうやらこれがケータリングというサービスに該当して標準税率になるらしいのよ。そうすると、味噌汁をお椀に取り分けるという行為も、コーヒーの給仕と同じようにケータリングに該当して標準税率になると思うのよね。

主人 味噌汁とコーヒーを一緒にするのはおかしくないか？　マスターの娘さんは美人だし、エプロン付けて「おかわりはいかがですか？」とか声かけするんだろうから、これは10％で課税されても文句は言えないと思うんだ。でも、うちの場合には俺とかお前が単純に味噌汁をお椀に注いでくるだけなんだから、こんなもの

まで10％で課税されるってことはないだろう…。

 **ポイント**

　パーティー会場などの相手方が指定した場所において、飲食料品の加熱・切り分け・味付けなどの調理や盛り付け、食器の配膳などのサービスを行うことを「ケータリング」といいます。

　コーヒーなどの飲料を社内会議室まで配達する行為は単なる飲食料品の宅配であり、軽減税率の適用対象となります。ただし、配達後に会議室内で給仕等のサービスが行われる場合には、いわゆる「ケータリング、出張料理」に該当し、軽減税率は適用できないこととしています（軽減税率Q＆A（個別事例編）問78）。

　これに対し、「味噌汁を取り分け用の器に注ぐ」という行為は、味噌汁の販売に必要な行為である「取り分け」に該当し、ケータリングではないことから、「弁当の配達先で味噌汁を取り分ける行為」には軽減税率を適用することが認められています（軽減税率Q＆A（個別事例編）問79）。

　国税庁のQ＆Aによれば、どうやらご主人のおっしゃることが正解のようなのですが、筆者には「給仕」と「取り分け」の境界線がどうにもよくわかりません…。

38　外国の軽減税率制度

Ａくん　世界三大珍味は食べたことあるかい？

Ｂくん　「トリュフ」「キャビア」「フォアグラ」のことでしょ？食べたことはあるけど美味かったという記憶はないね。

Ａくん　フランスではこの三大珍味の付加価値税率が違うらしいんだ。本来であればこれらの高級食材はすべて標準税率（20％）で課税すべきだと思うんだけど、なぜかトリュフとフォアグラだけが5.5％の軽減税率で、キャビアには20％の標準税率が適用されている。

Ｂくん　トリュフとフォアグラはフランス産が多いけど、キャビアはロシア産が有名だ。つまり、国内農業を保護するための政策として税制が利用されているということなんだね。

Ａくん　イギリスではハンバーガーなどの温かいテイクアウト商品は20％の標準税率が適用されるのに対し、スーパーの惣菜などについては０％の軽減税率が適用されている。また、店内での飲食サービスの提供には標準税率が適用されるので、カフェテリアなどでサンドイッチを購入する場合には、店内飲食か持ち帰りかの違いにより適用税率が異なることになる。

　元財務副大臣の五十嵐文彦さんの海外視察リポート（ファイナンス2012.2.11月号18頁）によれば、カフェテリアなどの棚に並んでいるサンドイッチには、「Takeaway」「Eat in」と書かれた

二つの値札が表示されている。「Eat in」すなわち「その場で食事」と書かれた値札のほうにだけ20％の付加価値税が上乗せされているんで、サンドイッチを購入するときに、お客さんが店内で食べるか持ち帰りにするかということを申告し、これに従って請求がされることになる。

　客の申告誤りや店員によるレジの打ち間違いなどは日常茶飯事らしいんだけど、これが特段問題にされることもないみたいなんだ。おそらくは、日本のファーストフード店なんかでも同じように（適当に）やっているところもあるだろうね。

Bくん　ドイツのマクドナルドは店内飲食用のハンバーガーは19％の標準税率が適用されて、持ち帰り用のハンバーガーは７％の軽減税率になるらしい。でも、イギリスと違って店内飲食用と持ち帰り用のハンバーガーの値段は均一らしいんだ。

　ハンバーガー屋さんが売上高の内訳を区分して、店内飲食分だけ割増で付加価値税を負担するということなんだろうね…お客さんにしてみれば、値段が均一だから分かりやすいのは事実だけれども、軽減税率が低所得者の救済という視点から設けられているとしたならば、いったい誰のための軽減税率なんだろう？

Ａくん　カナダではドーナツを販売するときに、お買い上げが５個以下の場合にはその場で食事？ということで５％のＧＳＴ（国税）が課税されることになる。６個以上お買い上げの場合には「さすがに６個は食べられないだろう」ということで、食料品のお持ち帰りとして０％税率の適用になるそうだ。

　カナダでは節税対策？として、赤の他人がお金を出し合い、共同でドーナツを購入するらしい。ドーナツを３個だけ欲しいときに、１人で買ったらＧＳＴが５％課税されるんで、これを２人で３個ずつ買えば、ドーナツの購入数量は６個以上になり、ＧＳＴはゼロになる。

　このような庶民が開発した節税対策？のことを「にわかドーナツクラブ」と呼ぶらしいね。

Ｂくん　ドーナツを一気に５個も食べられないでしょう。想像するだけで胸焼けがしそうだ（笑）。

39　スポーツ新聞

Aくん　何で新聞が軽減税率になったんだろう。

Bくん　日本新聞協会が軽減税率を要望してたのは知ってるけど、与党税制調査会では真剣に議論してたんだろうか…年末にいきなり発表されて、ウヤムヤのうちに可決成立…何だか騙し討ちを喰らったような感じがしてるのは決して僕だけじゃないと思うんだ。

Aくん　各新聞社は「活字文化」とか「知る権利」なんてことを言って軽減税率を要望してたようだけど、そもそも新聞が生活必需品という発想が間違っている！

Bくん　噂によるとスポーツ新聞も軽減税率になるらしいね。スポーツ庁が文部科学省の外局に設置されたことも影響してるのかな？

Aくん　スポーツ新聞が軽減になるんだったら「プレイボーイ」とか「女性セブン」のような週刊誌も軽減にしないとバランスが悪くないかい？

Bくん　軽減税率の対象となる新聞とは、「定期購読契約に基づき配達され、一定の題号を用い、政治、経済、社会、文化等に関する一般社会的事実を掲載する週2回以上発行される新聞」と定義されているんだ。そうすると、スポーツ新聞にも政治や経済の記事が掲載されることもあるわけだから、理屈の上では軽減税率が適用されることになる。

　でも、芸能雑誌は週刊なので、「週2回以上発行」の要件を満たさないことになるワケだ。

Aくん　週刊誌はそもそもが「新聞」じゃないから軽減税率が適用される余地はないとも考えられそうだ。でも、与党税調の資料には「『新聞』の客観的な規定は存在しない」なんてことも書いてあるんだよね。

Bくん　与党税調の資料といえば、「書籍・雑誌」について、その日常生活における意義、有害図書排除の仕組みの構築状況等を総合的に勘案しつつ、引き続き検討する。という記載がされている。これって、書籍や雑誌についても将来的には軽減税率の対象とする可能性があるってことだよね？

Aくん　それはどうだろう。僕には新聞を軽減税率にするための詭弁というか、言い訳にしか聞こえないけどね。

Ｂくん　有害図書っていうのは、いわゆる「ビニ本」とか「成年コミック」という類のものだよね。でも、一言で有害図書といってもよく分からないし、線引きが難しいよね。

　軽減税率対象品目の線引きを巡るドタバタ劇は記憶に新しいところです。やっとこさ「酒と外食を除く飲食料品」で決着したと思ったら、最後の最後になってから、まさかの「新聞」の追加です。勝手な想像ではありますが、おそらくは水面下で密約ができていたのだろうと思います。

　今後の国会運営を検討した結果、首相官邸はこのような決断をしたのだろうと思われます。また、マスコミに媚びを売っておかなければ内閣に批判的な報道をされかねません。また、国民の支持を得ることもできないという打算的な判断により、このような結末に至ったのでしょう。

　軽減税率賛成が70％あまりという世論調査の結果を公表する前に、マスコミは軽減税率のデメリットをまずはていねいに国民に周知させる必要があります。それが報道機関の正しい職務です。業界に都合のいい情報だけを発信したのでは世論調査にはなりません。これぞ正に「世論操作」「情報操作」ではないでしょうか？

平成26年度〜令和2年度改正編

　外国人観光客を誘致するための免税店の改正、国際電子商取引とリバースチャージ方式、居住用賃貸建物に対する仕入税額控除の制限など、連年にわたる消費税の改正に振り回されて実務家は目が回りそうです。

40 Japan.Tax-freeShop (Part 1)

A子さん　一昔前に比べて外国人向け免税店がやけに増えたと思わない？

B子さん　そうそう…昔は秋葉原の電気街あたりでしか見かけなかったけど、最近はドラックストアやコンビニまでもが免税店の看板を出してるものね。

A子さん　日の丸に桜の花びらを散らした赤い看板…ほんとあちこちで見かけるわよね。

B子さん　何でも外国人観光客を誘致するために免税対象品の範囲を拡大したことが原因らしいわよ。

A子さん　昔は洋服やバッグ、電化製品のような生活用の耐久品じゃないと免税の対象にならなかったんだけど、だいぶ前から飲食料品や化粧品、医薬品なんかも免税対象品に追加されたんだって、雑誌の記事で読んだことがあるわ。

B子さん　「爆買い」なんて言葉が流行語になるくらいに、とにかく売れたらしいわね。

A子さん　中国人はマスクを箱買いしたりするらしいわよ。

B子さん　コロナ対策もさることながら、あの国は大気汚染が深刻だから、わかるような気がするわ…。

A子さん　私は花粉症が深刻だから、免税で安く買ったマスクをこっそり横流ししてもらいたい気分だわ（笑）。

B子さん　外国人旅行者が免税店で購入した商品は、お土産として
　国外に持ち帰らないといけないらしいじゃない。洋服やバッグみ
　たいな耐久品は問題ないとしても、食品や化粧品なんかは旅行中
　に食べたり使ってしまったりすることもあるんじゃないかしら…。

A子さん　日本で買い物していっぱいお金を使ってくれるんだから、
　うるさいことは言わないんじゃないの？

　免税店で非居住者に販売した商品は、その購入した非居住者によ
り国外に輸出され、最終的に国外で消費、使用されることになりま
す。そこで、免税店で所定の手続のもとに販売された商品について
は、消費税を免除することにしています。なお、免税対象物品は、
当然のことながら出国の際に持ち帰ることが義務付けられておりま
す。国内での売買（横流し）には厳しい罰則規定が設けられていま

すのでくれぐれもご注意下さい（消法8③〜⑤）。

＜平成26年度・30年度改正＞

　平成26年度改正の前は、免税対象物品は洋服やバッグ、家電製品などの通常生活の用に供する物品とされており、酒類などの飲食料品や化粧品のように、国内で旅行中に消費される可能性のある消耗品については免税対象物品から除かれていました。しかし、化粧品などの消耗品については外国人旅行者からのニーズが高いことから、改正により、これらの消耗品も免税対象物品に加えることとしたのです（消法8、消令18①）。

　また、旧法では、事務手続の煩雑さを防ぐため、税抜価額が1万円以下の少額物品を免税対象物品から除外することとしていましたが、改正により、旅行者に対する同一店舗での1日の販売金額が5千円〜50万円の範囲につき、免税対象物品として取り扱うこととしています。

　免税店制度は、販売した商品が非居住者により国外に持ち出され、最終的に国外で消費、使用されることから消費税を免除することとしたものです。したがって、たとえ消耗品が免税対象物品に追加されたとしても、当然に国内で消費することは認められません。

　観光庁のホームページ（消費税免税制度を活用した外国人旅行者の誘客について〜別紙1）によれば、消耗品の包装方法について、出国前に開封された場合には開封されたことが出国時にわかるような特殊なシールの貼付けにより、「袋」や「箱」の封印をすることが義務づけられています。

142

41 Japan.Tax-freeShop (Part 2)

A子さん　私の幼なじみでアメリカ国籍の子が言ってたんだけど、日本の免税店の購入手続はすごく時間がかかるらしいのよ。あまりに面倒なんで、時間がなくて「買いたいものも買えない」ってぼやいていたわ。

B子さん　噂によると改正で免税店での購入手続がスムーズになったらしいのよ。「手続委託型輸出物品販売場制度」っていったかしら…複数の店舗で買い物をした後で、免税手続は専用カウンターでまとめてできるようになったんだって、何かの雑誌で読んだことがあるわ。

A子さん　でも、それぞれのお店では免税価格で商品を売るわけだから、パスポートの確認なんかをしていると、そこそこ時間がかかるんじゃないの？

B子さん　買い物をするときは、日本人と同じように消費税込みの代金を払って商品を買うらしいのよ。買物が終わったら各店舗で購入した商品を専用カウンターに持ち込んで、免税手続きが終わったら消費税がその場でキャッシュバックされるという仕組みらしいわ。

A子さん　キャッシュバックっていいアイデアだわ！　外国人旅行者も何となく得した気分になるじゃない（笑）

B子さん　あと、外国人旅行者専用の出店の出店が認められたらし

いわよ。

A子さん お祭りの屋台みたいなもの？

B子さん どうなんだろう…私もよくわからないんだけど、訪問販売みたいなものなのかしら？

A子さん 外国人が宿泊しているホテルに売りに行くってこと…何だか怪しい感じがするけれども、需要はあるのかしら？

(1) **手続委託型輸出物品販売場制度**（消令18の2〜18の3）

　外国人旅行者が複数の免税店で買物をした場合には、原則として各店舗ごとに書類作成や包装などの免税手続をすることになります。また、購入金額が5千円を超えなければ免税の対象とはなりません。

　「手続委託型輸出物品販売場制度」とは、商店街やショッピングモールなどに「免税手続カウンター」を設置し、この「免税手続カ

ウンター」の営業者に免税手続を委託した場合には、「免税手続カ
ウンター」で各店舗の免税手続をまとめて行うことができるという
ものです。

　具体的には、各免税店では外国人旅行者に商品を税込金額で販売
します。外国人旅行者は、各店舗で購入した商品を「免税手続カウ
ンター」に持ち込み、ここで免税手続をするとともに消費税相当額
の返金を受けることになります。

　また、購入下限額の判定についても、各店舗ごとの購入金額では
なく、「免税手続カウンター」に持ち込んだ商品の合計金額で判定
してよいこととなりました。

(2)　臨時免税店制度（消法8⑧）

　あらかじめ所轄税務署長の承認を受けることにより、免税店の経
営者は、出店する前日までに届出書を提出して、港湾内や地域のイ
ベントなどに臨時免税店を設置することができることとなりました。

　これにより、豪華客船などで世界旅行を楽しむセレブな旅行者は、
免税店に足を運ばずとも、客船の近辺で免税品を購入することがで
きるのです。

42 国際電子商取引

とある会社の経理部での会話です。

A子さん　電子書籍やゲームソフトみたいな電子サービスは、改正
で課税されるようになったんですよね？

Bくん　国内取引の判定基準が変わったということらしいよ。改正
前は、海外から配信するサービスは課税することができなかった
のに対し、改正後はサービスの提供を受ける受益者の住所が国内
であれば、外国企業の配信でも消費税を課税できるようになった
んだ。

A子さん　当社のニューヨーク支店で電子新聞を購読していますよ
ね。これって海外で読んでるから仕入税額控除はできないことに
なるんですか？日経新聞だから課税仕入れでもいいような気がす
るんだけど…。

Bくん　電子サービスの内外判定は、単純に役務提供地で判断する
わけじゃないんだよ。法人であれば、本店所在地が国内であれば
国内取引に該当することになる。結果、当社のニューヨーク支店
で購読している日経新聞は、事実上海外で役務の提供を受けては
いるものの、本店所在地が国内だから国内取引に該当して仕入税
額控除もできることになるんだ。

A子さん　海外の配信業者から配信されているサービスなんかも仕
入税額控除の対象にしていいんですよね？

Bくん　そこがちょっと厄介なんだ…。配信業者との契約内容に
よっては「リバースチャージ方式」という課税方式が適用される
ものもあるんで、取引内容を個別に見ていかないと判断できない
ことが多いんだ。あと、登録国外事業者の取扱いとか、まだまだ
勉強しなくちゃいけないことが沢山あるんだよね。

　旧消費税法では、国際間にわたる電子サービスについては、その
配信業者の事務所等の所在地（サーバーの設置場所）で内外判定を
することとしていました（旧消令6②七）。

　したがって、国内事業者がインターネットを利用して行う電子書
籍、音楽、広告の配信等のサービスは国内取引に該当し、消費税が
課税されることになる一方で、国外事業者が日本国内向けに行うこ
れらのサービスは国外取引となり、課税関係は発生しないことと

なっていたのです。国内でサービスの提供を受けるにもかかわらず、サービス提供者の事務所等の所在地で課税関係が異なることは明らかに不合理であり、検討が必要とされていました。

平成27年度改正では、電子書籍・音楽・広告の配信等の電気通信回線を介して行われる電子商取引について、内外判定を役務提供者の役務の提供に係る事務所等の所在地から役務の提供を受ける者の住所等に変更することとなりました（消法4③三、消基通5－7－15の2）。これにより、国外事業者が国内の受益者に向けて行う電子サービスは国内取引に該当し、課税の対象に組み込まれることとなったのです。

ただし、国外のすべての配信業者に対し、日本の法改正に従って申告納税を義務付けることにはいささか無理があります。そこで、事業者間の相対取引については、国外事業者の納税義務を受益者である国内事業者に転換し、国外事業者が納めるべき消費税を受益者が代りに納付することとしたのです（リバースチャージ方式）。

ただし、電子書籍やクラウドサービスのような不特定多数を対象とする取引については、原則どおり国外の配信業者が納税義務を負うことになります。この場合において、受益者である国内事業者は、配信業者が日本の税務署に申告納付をする旨を登録している場合に限り、仕入税額控除の対象としてよいこととしています。

43 リバースチャージ方式（その１）

A子さん　G社に支払っているインターネット広告料ですけど、これってリバースチャージ方式が適用されないのかしら？

Bくん　クリック課金方式による広告サービスだから、リバースチャージ方式の適用対象取引になると思うよ。

A子さん　でも、前期の申告資料を見ると、それらしき処理はしてないみたいなんですよ。ひょっとして申告するのを忘れちゃったのかしら…。

Bくん　（自慢げに）リバースチャージ方式は、課税売上割合が95％以上の場合には適用されないことになっている。うちの会社の課税売上割合は常に95％以上になるわけだから、特別な処理は必要ないんだよ。

A子さん　課税売上高が５億円を超えていると95％ルールは適用されないんですよね？　そうすると、リバースチャージ方式による申告は必要だと思うんですが…。

ポイント

＜リバースチャージ方式＞

インターネットによる広告の配信や掲載、インターネット上でゲームソフトなどを販売する場所（ｗｅｂサイト）を利用させるサービスなど、事業者間で行われる相対取引については「リバース

　チャージ方式」が適用され、受益者である国内事業者が納税義務を
負うとともに、その負担した消費税額を仕入控除税額の計算対象と
することができます（消法30①）。

　ただし、その課税期間の課税売上割合が95％以上の場合や簡易課
税制度の適用を受ける場合には、当分の間、リバースチャージ方式
は適用しないこととされているため、結果として納税は不要となり、
また、仕入税額控除もできないことになります（平成27年改正法附
則42、44②）。

　課税売上割合が95％以上の場合において、当分の間、リバース
チャージ方式を適用しないこととする取扱いは、いうなれば、税額
計算を簡略化するために設けられた経過措置です。したがって、課
税売上割合が95％未満となる場合にはこの経過措置は適用されませ
んので、本則に従って、国外事業者が納めるべき消費税額を受益者
である国内事業者が納税し、同額を課税仕入れ等の税額に加算した

うえで仕入控除税額を計算する必要があります。

　なお、法令には、「課税期間中の課税売上高が５億円以下であること」との要件はありませんので、たとえ課税期間中の課税売上高が５億円を超えている場合であっても、課税売上割合が95％以上である限り、リバースチャージ方式は適用されないことになります。

＜国外事業者申告納税方式＞

　電子書籍やクラウドサービスのように、不特定多数の顧客を対象とする電子サービスについては、リバースチャージ方式は適用されません。よって、サービスの提供者である国外事業者が、日本の税務署に申告納付をすることになります。

　しかし、日本の法律が変更になったからといって、すべての国外事業者が納税に協力してくれるとは限りません。そこで、リバースチャージ方式が適用されない電子サービスについては、当分の間、受益者である国内事業者について、仕入税額控除を認めないこととしています。

　ただし、「登録国外事業者」から受けた電子サービスについては、日本に納税されたことが明らかであることから、登録番号等が記載された請求書等の保存を要件として、仕入税額控除を認めることとしています（平成27年改正法附則38、39）。

(注)　「登録国外事業者」とは、電子サービスに関する事務所等が国内にあること又は消費税に関する税務代理人があることを条件に、国税庁長官の登録を受けた国外事業者をいいます。

44 リバースチャージ方式(その2)

A子さん プロ野球選手は個人事業者として所得税や消費税の納税義務者になるんですね。私は所属する球団からお給料を貰っているんだとばかり思っていました。

Bくん メジャーリーグで活躍していたイチロー選手の場合には、所属球団から貰う報酬はアメリカ合衆国の連邦税が課税されるんで、日本の所得税等は課税されていなかったらしいんだ。要は居住者かどうかということで、所得税の取扱いは変わってくるということだね。

A子さん イチロー選手は消費税も課税されないのかしら?

Bくん 消費税の納税義務は、居住者か非居住者かということに関係なく、基準期間である前々年の課税売上高で判定するんじゃないの?

A子さん 何年か前にポールマッカートニーが久しぶりに来日して懐かしいビートルズナンバーを歌っていたけれど、ポールは日本の消費税をちゃんと払ってから帰国したのかしら…。

Bくん 確かポールは数十年ぶりに来日したんだよね?だとすると、基準期間である前々年の国内での課税売上高は1,000万円以下(ゼロ)なわけだから、どんなに荒稼ぎしても消費税については納税義務は免除されるということだね。

A子さん 納税義務の判定では、海外で稼いだ分は考慮しなくても

いいということですね…。そうすると、外国のミュージシャンは
２年周期で来日すれば、消費税の納税義務が永遠に免除されると
いうことだわ！

Bくん　平成23年度改正に引っかからないようにするには、コン
　　サートの開催は年の後半にしておくのがいいかもしれないね（笑）

　消費税は所得税のような源泉徴収制度がありません。そこで、平
成27年度改正では、海外のプロスポーツ選手やタレントが国内にお
いて行う芸能やスポーツなどの役務の提供（特定役務の提供）につ
いて、消費税の納税義務を役務提供を行う非居住者から、役務提供
を受ける事業者（イベントの主催者など）に転換することとしまし
た（消法４①三、５①）。

　ただし、課税期間中の課税売上割合が95％以上の場合や簡易課税

制度の適用を受ける場合には、上記リバースチャージ方式の適用は
ありません（平成27年改正法附則42、44②）。

　なお、上記のような役務の提供であっても、不特定多数の者を相
手に行うような場合には本制度の対象とはなりません。例えば、音
楽家や芸能人自らが主催者となってコンサートやショーを開催する
ようなケースでは、その行為は「特定役務の提供」には該当しない
ということです。

＜改正の経緯＞

　新聞報道によれば、外国籍のサッカー選手について、日本国内で
の試合について課された消費税の申告漏れが特に多かったとのこと
で、会計検査院から国税庁に改善要求がされたようです。

　ウィキペディアによると、プロサッカー選手の報酬は、基本給・
出場給・特別給に区分されており、試合に勝利した場合は勝利給
（特別給）がこれに上乗せされるとのことです。

　例えば、外国のサッカー選手が国内試合に出場する場合の出場給
が1,000とした場合には、従来であれば試合の主催者や所属チーム
が消費税10％を上乗せして1,100を選手に支払っていました。改正
後は、選手から試合の主催者等に納税義務をリバース（転換）した
うえで、試合の主催者等が税抜対価の1,000だけを選手に支払い、
消費税相当額の100（10％）をチャージして税務署に代理納付する
ということです。

45 高額特定資産を取得した場合の 納税義務の免除の特例（平成28 年度改正）

会計事務所の職員同士の会話です。

Qくん 僕の担当先で賃貸マンションの建築計画があるんだ。一括 比例配分方式を適用すれば課税売上割合分だけ控除ができるんで、 「簡易課税制度選択不適用届出書」を提出して消費税の還付を受 けようと思うんだけど、このケースも改正で3年縛りになるのか な？

Rくん 高額特定資産の特例のことでしょ？　一昔前までは簡易課 税から本則課税に切り替えて消費税の還付を受け、翌期になった らすぐに簡易課税が使えたんだけど、今後は有無を言わさず「3 年縛り」になるんだよね。

Qくん これって自動販売機スキームを戒めるためにできた「3年 縛り」とはベツモノなんだよね？

Rくん 僕は22年度改正で創設されたのを「旧3年縛り」、28年度 改正で創設されたのを「新3年縛り」と呼んで区別しているんだ。 微妙に適用要件が違ってるんで注意しないと危ないね。

Qくん 「新3年縛り」ができたんだから「旧3年縛り」は廃止し てもいいんじゃないのかな？

Rくん 僕もそう思う。でも、廃止する気は全くないみたいだね。 納税者が間違って申告するのを待ってるんじゃないの（笑）

＜改正の概要＞

　平成28年度改正では、本則課税の適用期間中に高額特定資産（税抜対価が1,000万円以上の棚卸資産または1,000万円以上の調整対象固定資産）を取得した場合には、たとえ平成22年度改正法の適用を受けない場合であっても、いわゆる「３年縛り」が強制されることとなりました（消法12の４・37③、消令25の５）。

＜22年度改正法との関係＞

　22年度改正法により、下記①～③の期間中に調整対象固定資産（税抜対価が100万円以上の固定資産）を取得した場合には、いわゆる「３年縛り」を強制することとしています。

---

① 「課税事業者選択届出書」を提出して課税事業者となった場合の強制適用期間中

② 資本金1,000万円以上の新設法人の基準期間がない事業年度中

③ 特定新規設立法人の基準期間がない事業年度中

　22年度改正法は、①の課税選択のケースであれば強制適用期間中、②・③の新設法人のケースであれば基準期間がない事業年度中に調整対象固定資産を取得した場合でなければ適用できません。また、取得資産が棚卸資産であれば、どんなに高額な資産であっても22年度改正法は適用できません。

　結果、抜け穴だらけの22年度改正法の隙間をつくように、次の①
〜④のような節税スキームが横行したことが、今回の改正に繋がっ
たものと思われます。

---

①　建物などの高額な棚卸資産を取得し、本則課税により消費
　　税の還付を受けた期の翌期に資産を売却し、簡易課税制度の
　　適用を受けるような事例

②　課税事業者を選択し、強制適用期間を経過してから固定資
　　産を取得することにより、その翌期は免税事業者や簡易課税
　　適用事業者となるような事例

③　資本金1,000万円以上の法人を設立し、基準期間がない事
　　業年度を経過してから固定資産を取得することにより、その
　　翌期は免税事業者や簡易課税適用事業者となるような事例

④　特定期間中の課税売上高と給与等の支払額のいずれかが
　　1,000万円を超える場合には課税事業者を選択せずとも課税
　　事業者となることができます。結果、課税事業者届出書（特
　　定期間用）を提出して課税事業者となり、固定資産を取得し
　　ても、「旧3年縛り」の規定は適用されないため、その翌期
　　は免税事業者や簡易課税適用事業者となるような事例

　法律の隙間をつくような節税スキームは決して褒められたもので
はありませんが、中途半端な法律を施行させ、悪戯に実務を混乱さ
せた課税庁にも大いに反省してもらいたいと思います。

（注）　平成22年度改正と特定期間中の課税売上高による納税義務の判定
　　　は「小規模事業者編」をご参照ください。

46 居住用賃貸建物を取得した場合の仕入税額控除の制限（令和2年度改正）

前回に引き続き、高額特定資産のことで何やら議論をしています。

Qくん　マンションの建築計画の件なんだけれども、試算してみたら、たとえ3年縛りになったとしても、一括比例配分方式で還付を受けた方が有利になるみたいなんだ。そこで、所長に決裁を貰おうと思って報告したら「そんなもん還付になるわけないだろう！」って怒鳴られた。怖くて理由が聞けなかったんだけど、所長がなんで怒ってたかわかるかい？

Rくん　（しまったという表情で）令和2年度改正だ！居住用賃貸建物は仕入税額控除が認められなくなったんで、簡易課税をやめて本則課税に変更しても意味がない。所長はこのことを怒っていたんだよ。

Qくん　（言い訳がましく）コロナの給付金申請なんかでバタバタしてたからね…。そんな改正があったなんて知らなかったんだ。

ポイント

＜改正の経緯＞

居住用賃貸住宅の取得費は、本来、非課税となる住宅家賃に対応するため仕入税額控除をすることはできないのですが、作為的な金の売買などの手法により課税売上げを発生させ、物件取得時の消費税の還付を受けるとともに、課税売上割合の変動による税額調整の

規定を回避しようとする事例が散見されました。そこで、建物の用
途の実態に応じて計算するよう、「居住用賃貸建物」について、仕
入税額控除を制限することとしたものです。

＜改正の概要＞

「居住用賃貸建物」とは、住宅の貸付けの用に供しないことが明
らかな建物（附属設備を含む）以外の建物で、高額特定資産に該当
するものをいいます（消法30⑩）。

したがって、店舗などの事業用施設や建売住宅など、建物の構造
や設備の状況などにより、住宅の貸付けの用に供しないことが客観
的に明らかな建物でなければ仕入税額控除はできません。店舗兼用
賃貸住宅や用途未定の賃貸物件は居住用賃貸建物に該当するため、

仕入税額控除は認められないことになります（消法30⑩、消基通11-7-1）。

　ただし、課税仕入れを行った日の属する課税期間の末日において住宅の貸付けの用に供しないことが明らかにされたときは、居住用賃貸建物に該当しないものとすることができます（消基通11-7-2）。

＜店舗兼用賃貸住宅などの取扱い＞

　居住用賃貸建物を、建物の構造や設備の状況などにより、商業用部分と居住用賃貸部分とに合理的に区分しているときは、居住用賃貸部分についてのみ、仕入税額控除が制限されることになります。具体的には、建物の一部が店舗用の構造等となっている居住用賃貸建物などについて、使用面積割合や使用面積に対する建設原価の割合など、その建物の実態に応じた合理的な基準により区分することになります（消令50の２①、消基通11-7-3）。

＜調整税額の計算方法＞

　居住用賃貸建物について、取得日から翌々期の末日までにその全部（一部）を課税賃貸用に供した場合または譲渡した場合には、それまでの賃貸料収入と売却価額を基礎として計算した額を、翌々期または譲渡日の属する課税期間の仕入控除税額に加算して調整することとされています（消法35の２）。

課否判定編

　とある会社の経理部での会話です。

　新入社員のＡ子さんが日々悪戦苦闘しながら、経理業務に励んでいます。

47　非課税となる土地の譲渡とは？

　新入社員のＡ子さんは消費税がよくわかりません。マニュアルを参考に、見様見真似で伝票入力をしているのですが、いつも先輩社員のＢくんに質問ばかりしています。

Ａ子さん　土地を購入した際に不動産業者に支払った仲介手数料なんですが、これは支払手数料じゃなくて土地勘定で処理するんですよね？

Ｂくん　そのとおり！（ちょっと感心しながら）固定資産の取得に伴う付随費用は取得価額に加算することとされているからね。単純に損金経理することはできないんだ。

Ａ子さん　ところで、土地の取得だから消費税は非課税コードで処理すればいいんですよね？

Ｂくん　（ちょっと慌てて）それは違う。土地売買の仲介手数料は非課税にはならないんで課税コードで処理しないとダメなんだよ。

Ａ子さん　（納得いかない様子で）だって土地は非課税じゃあないんですか？　会計ソフトだって借方に「土地」と入力すると自動的に消費税コードは「非課税」になってますよ。

Ｂくん　会計ソフトの消費税コードというのは、勘定科目別に一般的に発生するであろう取引を想定して課税区分が設定されているんだよ。借方に「土地」と入力した場合には、ほとんどが非課税になるものなんだから、はじめから土地という科目を入力した時

点で消費税コードが非課税に設定されていた方が事務効率がいい
わけだ。

　でも、仲介手数料のように「課税」になるものもあるわけだか
ら、こういったイレギュラーな取引は、入力担当者が個々に判断
をして、正しいコードを入力しなければいけないんだよ。

A子さん　（ため息をつきながら）会計ソフトを信用してはいけな
　いということか…。消費税がますます嫌いになりそうだわ。

Bくん　（慰めるように）勘定科目だけで消費税の課税区分がすべ
　て判断できたらこんな楽なことはないんだけどね…。実務はそん
　な単純なものではないんだよ。

　土地は消費の対象となるものではなく、その譲渡は現金が土地に変わるだけの単なる資本移転であることから、非課税とされています。ただし、土地取引に関係するもののすべてが非課税になるわけではありませんので注意が必要です。

　土地の売買に伴い不動産業者が収受する仲介手数料や、整地に伴い土建業者が収受する土地の造成費は、たとえ土地取引に関係するものであっても非課税とはなりません（消基通6-1-6）。ちなみに、土地を購入する際に支払う仲介手数料や土地の造成費については、これを支払う事業者はその金額を土地の帳簿価額に加算することになるわけですが、経理処理や勘定科目にかかわらず、課税区分を判断しなければなりません。

　また、土地の譲渡が非課税とされたことに伴い、土地の貸付けについても一定の条件を満たすようなものについては、非課税とされています。

　具体的には、1カ月以上の期間にわたり、かつ、更地の状態で土地を貸し付けるような場合に限り、非課税となりますので、貸付期間が1カ月未満の場合や駐車場などの施設としての貸付けは、たとえ土地の貸付けであっても非課税とはならず、結果、消費税が課税されることになります（消令8）。

　貸店舗の賃料などについては、土地の上に店舗が建っているわけですから、土地部分は非課税であると考えられなくもありませんが、たとえ賃料を地代と家賃に区分する契約を行ったとしても、その全体が家賃として課税されることになります（消基通6-1-5㊟2）。

48 クレジット手数料の課税区分

　土地の購入に係る仲介手数料の課税区分を間違えたＡ子さんは考えました。

　「経理処理なんか気にしないで、○○手数料となっていたらすべて課税だと考えればいいんだわ！」自分なりに納得したようですが、果たしてどうでしょうか…？

　数日後、Ａ子さんは信販会社からの振込明細をみながら伝票を起こしていました。明細書には、当社がカードで販売した商品について、売上代金から差し引かれた加盟店手数料（クレジット手数料）が記載されています。

　「加盟店手数料はもちろん課税よね…」と、Ａ子さんは考えながらも、念のため社内のマニュアルを確認したところ、何と「非課税」となっているではありませんか！

　「手数料なのに何で非課税なんだろう…」Ａ子さんはワケが判らなくなり、またまたＢくんに相談しています。

Ａ子さん　信販会社に支払う加盟店手数料は、「手数料」なのに何で課税じゃないんですか？

Ｂくん　加盟店手数料というのは、カードで販売したことにより発生した売掛債権を信販会社に譲渡したことにより発生するものでしょう。信販会社は、購入した売掛債権を回収することにより、手数料相当額が「儲け」になるわけだ。信販会社にしてみれば、

加盟店手数料は貸付金の利息と実態は変わらないことから非課税
の売上げとなる。したがって、手数料を支払う当社では、たとえ
「手数料」という名目で経理処理をしていたとしても、課税仕入
れには該当しないということなんだ。

A子さん　（泣きそうな顔で）何だかよくわかんない…。

　図解と仕訳例により、具体的にご説明しましょう。

　加盟店が商品をカードで販売するということは、いうなればツケ
で商品を販売するということです。

　加盟店としては、商品が売れるのはいいことなのですが、カード

でばかり商売をしていると、肝心の売上代金が手元に残らないために、資金繰りが苦しくなってしまいます。そこで、カードで販売したことにより発生した売掛債権を換金することにより、運転資金の確保を図ろうとするわけです。

　例えば、100円の商品をカードで販売し、この100円の売掛債権を10％の手数料を支払って信販会社に譲渡した場合には、加盟店は下記のような処理をすることになります。

　この場合の加盟店手数料の10円は、信販会社の儲け（非課税）なわけですから、手数料を支払う側では仕入税額控除の対象とすることはできないということです。

○商品販売時の処理

　（借方）売掛金　100　　　　　　（貸方）売　上　100

○債権譲渡時の処理

　（借方）現　金　90　　　　　　（貸方）売掛金　100

　　　　　加盟店　10
　　　　　手数料

49　香典と花輪代

　　取引先の社長さんが亡くなりました。葬儀に伴う慶弔費を巡って、
A子さんとBくんが何やら話をしています。

A子さん　お香典は領収書がなくても経費になるんですよね？

Bくん　葬儀に参列して受付で「領収書をください」ってわけにも
　　いかないからね。慶弔費については領収書がなくても経費として
　　認めてもらえるんだ。

A子さん　ところで、お香典は消費税がかからないから非課税コー
　　ドで処理すればいいんですよね？

Bくん　「非課税」というより「不課税」だね。もっとも、課税仕
　　入れに該当しないという意味においてはどちらで処理しても問題
　　はないけどね。

A子さん　お香典の他に花輪も送っているんですけれども、花輪の
　　購入代金も不課税でいいのかな…？

Bくん　花輪代は不課税じゃなくて「課税」になるんだよ。

A子さん　同じ慶弔費なのに何で処理が違うんだろう…。領収書が
　　もらえるようなものは課税になるということですか？

Bくん　そういうことでもないんだよ…。ちょっと説明が難しいと
　　ころなんだけれども、消費税というのは対価性のある取引だけが
　　課税の対象とされるんだ。したがって、贈与とか寄付という行為
　　は対価性のない取引として課税の対象とはならないことになる。

　一方、課税仕入れに該当するかどうかの判断は、その目的は関係ないんで、たとえ贈与するために購入したものであっても、それが課税資産であるならば仕入税額控除の対象とすることができるんだ。

A子さん　難しくてよくわかんないけど、結論としては、香典は不課税だけど花輪代は課税になるということですね。ということは、お葬式があったときにはなるべくお金じゃなくて花輪を送れば節税になるということだわ！

Bくん　それはどうだろう…。花輪を買うときに消費税も払ってるわけだから、結局、損得はないような気がするけどね…。

　Bくんが説明したように、消費税は「対価を得て行うもの」だけを課税の対象として定めています。

　物を販売してお金を貰う、サービスの提供をしてお金を貰うというように、事業者の行為に対して何らかの「反対給付」があることを「対価性がある」というのです。

　つまり、贈与、寄付などの行為はここにいう反対給付がない取引、いうなれば、一方通行の取引ですので、このようなものは対価性が無いということで、課税の対象からは除かれているのです。

　なお、課税仕入れに該当するかどうかの判断にあたっても、この対価性の有無ということは関係してきますので、金銭による寄付や贈与などは対価性のないものとして課税仕入れとはなりません。

　一方、課税仕入れに該当するかどうかの判断にあたっては、その目的や資金の調達方法は一切関係がないということに注意する必要があります。例えば、保険会社から収受する保険金は対価性のないものとして不課税となるわけですが、この無税で取得した保険金で建物を新築した場合には、その建物の新築代金は仕入税額控除の対象となります（消基通11-2-10）。

　また、テレビを購入し、これを近所の小学校に寄付したような場合には、「寄付」という行為は対価性がありませんので課税の対象とはならないのに対し、そのテレビの取得という行為は現実に対価（金銭）を支払っているわけですから、たとえ結果的に寄付してしまったとしても、課税仕入れとして仕入税額控除の計算に取り込むことができるのです（消基通11-2-11）。

50 ビール券・プリペイドカードなどの取扱い

A子さん　先日残業をした時に課長が缶ビールを差し入れに持ってきましたよね。私は課長のオゴリだとばっかり思っていたんですが、後でしっかりと領収書で精算してたみたいですね。

Bくん　オゴリだろうが会社の経費だろうがタダでビールが飲めたんだからいいじゃない。

A子さん　ところでこのビール代なんですが、消費税は非課税のコードで処理するんですよね?

Bくん　ビールが非課税だったらオジサン連中は喜ぶだろうね。でも、残念ながらビールは非課税じゃなくて「課税」になるんだ。

A子さん　でも、先日営業部から回ってきた領収書に「ビール券100枚」というのがあったんですが、これは確か「非課税」で処理をしたと思うんです。ビール券が非課税でビール代が課税ってのは何かおかしくないですか?

Bくん　ビール券や商品券というのは前払的な性格があることから非課税とされているんだ。つまり、ビール券とビールを引換えた時点で課税されるべき性格のものだから、ビール券を販売した時点では二重課税を防止するという意味からも非課税として扱うこととしたんだね。

A子さん　ということは、ビール券はビールと引き換えた時点で「課税」に化けるということですか?

Bくん　そういうこと！つまり、当社では購入したビール券を取引
　　先に贈与するわけだから、ビール券の購入費については仕入税額
　　控除の余地はないということになる。

A子さん　ビール券を貰った会社ではビールと引き換えた時点で仕
　　入税額控除の対象にしているのかしら…？

Bくん　どうだろう…。ビール券を貰った担当者が個人的に使って
　　しまうケースの方が多いだろうから、実際には仕入税額控除の
　　チャンスはないんじゃないのかな。

　Bくんの説明にもありましたように、ビール券や商品券は贈答目

的で購入するものですので、これらを購入する事業者サイドでは仕入税額控除の余地はありません。

これに対し、プリペイドカードなどを購入した場合には、その用途によって消費税の取扱いが異なりますので注意が必要です。

例えば、業務用としてテレホンカードを購入した場合ですが、購入時点ではまだ電話は使っていませんので仕入税額控除はできません。これを実際に使用した時点で電話を使ったことになりますので、テレホンカードの購入費のうち、使用した度数分だけが仕入税額控除の対象となるのです。

ところで、これを現実問題として考えた場合どうでしょうか？ただでさえ忙しい決算時に、従業員に配布したテレホンカードの残り度数をいちいち報告させるということになったら…。どう考えても現実的ではありませんよね。そこで、原則は使用した分だけを仕入税額控除の対象とする一方で、例外的取扱いとして、購入時点での仕入税額控除も認めることとしているのです。

つまり、この例外的取扱いを適用すれば、決算時にいちいち残り度数の管理をしなくとも、未使用分も含めて購入時点での仕入税額控除ができるわけです（消基通11-3-7）。

ただし、贈答用のテレホンカードの場合にはそうはいきません。

贈答用ということは、実際に使用するのは贈与を受けた相手先ということになるわけですから、このような場合には、ビール券と同じように、テレホンカードを購入した事業者サイドでは仕入税額控除のチャンスはありません。

プリペイドカードを購入した場合には、それが業務用なのか、贈答用なのかということをしっかりと判断することが重要です。

51 健康診断料の課税区分

A子さん 先週実施した社内の健康診断なんですが、診療所から請求書が届いています。消費税の処理なんですが、医療関係の費用だから非課税になるんですよね？

Bくん 健康診断料は保険診療じゃないから非課税にはならないよ。

A子さん でも、明細書の消費税の欄が空白になってますよ。ということは、診療所も非課税と認識していることになりませんか？

Bくん それは…診療所が勘違いしているんじゃあないのかな？いずれにしても、健康診断料は課税仕入れになるわけだから、請求金額を内税価格と考えて処理してしまえばいいでしょう。

A子さん 医療関係の費用でも課税になるものがあるんですね…知らなかったわ。

Bくん 課税のものがある…というよりも、医療の場合には、保険が効くような診療報酬だけが非課税とされているんであって、保険が効かない、美容整形などのいわゆる自由診療は非課税にはならないんだ。あと、医薬品や医療器具の売買などもすべて消費税が課税されることになっている。

A子さん 先日風邪を惹いたときに、お医者さんからもらった処方箋で薬局から薬を買ったんですけど、市販の風邪薬よりずっと安い金額でしたよ。あれは保険が効いて安くなっているんじゃないのかしら…。それでも医薬品の販売は消費税が課税されているん

ですか?

Bくん　お医者さんで薬を支給するという行為は、薬局などで薬を
販売するケースとは違うんじゃないのかな?　つまり、診療行為
の一環として薬を給付しているのであって、それは保険診療行為
として薬の給付も含めて非課税で問題ないと思うけどね…。

　医療については、国民の生命や健康の維持に直接かかわるもので
あることから、非課税とされたものです。

　具体的に非課税となるのは、健康保険法などの法令に基づく診療
報酬だけとされていますので、Bくんが言うように、いわゆる自由

診療は非課税とはなりません。

　医薬品や医療器具の売買なども非課税とはならず、消費税が課税されることになりますので注意が必要です（消基通6-6-2）。

　なお、現行法では、保険診療報酬については患者が1割ないし3割を自己負担することとされていますが、保険診療報酬であれば、患者の自己負担分も含めて非課税となります（消基通6-6-3）。

　また、医療行為とは若干異なりますが、介護保険法の規定による居宅サービスや社会福祉に関するものについても、ハンディキャップを負った人々への配慮から非課税とされています。

　ところで、産婦人科で行う診療行為というのは、人の命の誕生にかかわるものであること、また、その負担額の大きさに配慮して、保険診療とは別枠で別途非課税の規定が設けられています。

　産婦人科で行う診療行為の場合、保険診療の対象とならないものが多いわけですが、たとえ保険診療の対象とならないものであったとしても、検査や分娩、産後の回復検診などの助産に関係するものであれば非課税になるということです（消基通6-8-1〜3）。

　また、助産に関するものが非課税とされたことに関連して、人の命の終焉に関するものとして、埋葬料と火葬料も非課税とされています。非課税となるのは、埋葬料と火葬料だけであり、一般の葬儀費用はこれに該当しないため、消費税が課税されることになります。

52 住宅家賃の課税区分

A子さん　先月から専務の社宅用にマンションを借りてますよね。居住用のマンションですから消費税は非課税になると思うんですけど、駐車場の賃借料はどうなるのかしら？

Bくん　駐車場の賃貸については、いわゆる青空駐車場でない限りは非課税とはならないんだ。施設の貸付けとして課税されることになるみたいだよ。

A子さん　でも、駐車場付の一戸建住宅を賃貸するような場合には、駐車場部分も含めて非課税になるって聞いたことがありますよ。だとすると、駐車場付の賃貸マンションだって同じように非課税でいいように思うんですけど…。

Bくん　一戸建住宅の場合には、通常は家屋と駐車場の使用料を区分しないで賃料を設定すると思うんだ。つまり、住宅と一体として賃貸するような場合には、家賃の全額を非課税として処理することができる。でも、駐車場付の賃貸マンションの場合には、通常は家賃と駐車場使用料は別契約になっているだろうから、このような場合には、駐車場の賃借料は非課税にはならないんだろうね。

A子さん　礼金や共益費はどうなるのかしら…。

Bくん　家賃の範囲には、月決め等の家賃の他に、礼金や共益費なども含まれることとされている。

　したがって、不動産業者に支払った仲介手数料は課税仕入れで
いいけれども、礼金や共益費は家賃とともに非課税として処理す
ることになるんだろうね。

A子さん　駐車場の賃借料は別契約になっていたら課税になるけれ
　ども、礼金や共益費は別契約になっていても非課税になる…。契
　約書の中身をちゃんと確認しないと課税区分はできないというこ
　とですね。

　住宅家賃については、国民の生活に直接関係しているものであり、
家計費に占める割合も大きいことから非課税とされました。
　非課税となるのは住宅の貸付けだけですので、事務所、店舗など

の居住用でないものの貸付けについては非課税とはなりません。

　また、本ケースのように賃貸住宅を借りて、これを従業員に転貸するような場合にも、住宅として転貸することが契約により明らかであるならば非課税となります（消基通6-13-7）。したがって、大家さんに支払う家賃は非課税仕入れとして仕入税額控除の対象とはならず、従業員から徴収する社宅使用料は非課税の売上げとして課税売上割合の分母に計上することになるわけです。

　駐車場などの付属設備についてですが、これはBくんの言うように住宅と一体として貸付ける場合にのみ非課税とされますので、駐車場の賃貸が別契約になっているような場合には、駐車場部分は施設の貸付けとして消費税が課税されることになります（消基通6-13-1～3）。

　また、店舗併用住宅などを貸付ける場合には、非課税となるのは住宅部分だけであり、店舗部分は課税となりますので注意が必要です。例えば、1階が店舗、2階が居住用の構造になっている店舗併用住宅を賃貸する場合ですが、1階の家賃と2階の家賃が区分されているのであれば、その区分に従って1階部分は課税、2階部分は非課税となります。

　家賃の内訳が区分されていないような場合には、床面積割合などの合理的な基準により家賃を案分する必要があります。内訳を区分していないからといって、全体が課税あるいは非課税となるものではありません（消基通6-13-5）。

　これと同様に、食事付の学生寮などの場合には、食費に相当する部分は非課税とはなりませんので、料金の内訳を家賃部分と賄費の部分に区分する必要があるわけです（消基通6-13-6）。

53　非課税と免税の違い

Bくん　この間、海外のC社から商品の注文があったみたいだけど、もう貨物の発送はしたのかな?

A子さん　配送部から処理済みの連絡がきてますので売掛金を計上してあります。

Bくん　輸出した商品の売上げは「免税」コードで処理してあるのかな?

A子さん　(ちょっと得意気に)「輸出」は消費税がかからないんですよね?　ちゃんと「非課税」コードで処理してありまーす。

Bくん　(慌てて)非課税と免税は取扱いが違うんだ。だから、輸出売上げは非課税じゃなくて免税コードで処理しなくちゃいけないんだよ。

A子さん　消費税がかからないんだから「非課税」じゃないんですか?　非課税と免税って厳密に区別する必要があるんでしょうか…。

Bくん　非課税と免税をちゃんと区分しておかないと、課税売上割合の計算が狂ってくるんだよ。

　課税売上割合の計算が狂うと仕入控除税額の計算も連動して狂ってくることになる。だから、正確に課税売上割合を計算するためには、非課税と免税はしっかりと区分しないといけないんだ。

A子さん　課税売上割合の計算なんていうものが関係してくるんで

すね…。（ため息をつきながら）最近なんとなく消費税がわかっ
てきたような気がしてたんですけど…。まだまだ勉強が足りない
ですね。

　消費税は、日本国内における消費や使用に対して課税する税金で
すから、最終的に海外で消費・使用されるようなものについてまで
課税する必要はありません。こういった理由から、海外に輸出する
ような貨物については、その売上げについては消費税を免除するこ
ととしています。
　A子さんの言うように、非課税も免税も消費税がかからないとい

うことでは同じなのですが、仕入控除税額の計算において、その取扱いは大きく異なっています。詳しくご説明しましょう。

　まず、消費税計算の基となる「課税標準」は、国内における課税売上高（税抜）と定められています。

　これに伴い、仕入税額控除の対象となるものは、この課税標準となる課税売上高に対応するものに限られるという消費税の基本的な考え方があるのです。例えば、土地を売るために不動産業者に支払った仲介手数料ですが、この仲介手数料は課税仕入れとはなるものの、非課税となる土地の売上げに対応するものですから、原則として仕入税額控除はできないことになります。

　これに対し輸出売上げは、非課税ではなく、「免税」という扱いになりますので、輸出用商品の仕入高のように、免税売上げに対応する課税仕入高は、その全額を仕入税額控除の対象とすることができるのです。

　輸出売上げは、「免税」というよりも「税率が０％の課税取引」と考えた方がイメージがつかみやすいかもしれませんね。

　さらには、課税売上割合の計算において、非課税売上げは分母にのみカウントされるのに対し、免税売上げは分母と分子の両方に計上しますので、輸出売上高は課税売上割合を上昇させるという効果があるのです。

　ところで、前述の仕入税額控除の考え方を厳格に適用した場合には、消費税の計算が非常に煩雑になってしまうことが心配されます。そこで、計算の簡便化を図るため、課税売上割合が95％以上の場合、つまり非課税売上高が５％未満の場合には、課税仕入れ等について、その全額を仕入税額控除の対象としてよいこととしています。

54 非課税と不課税

　「非課税」と「免税」の違いについて教えられたA子さんは何やら考えています。

　"そういえば「不課税」という区分もあったわね…。この「不課税」というのも、「非課税」や「免税」とは取扱いが違うのかしら…"

　気になりだしたA子さんは、さっそくBくんに質問することにしました。

Bくん　「不課税」というのは消費税の課税の対象にならない取引のことで「課税対象外取引」と呼んだ方が判り易いかもしれないね。

　例えば、受取配当金や保険金収入などがこの「課税対象外取引」に区分されるんだけど、これらの収入は課税売上割合の計算には一切関係させないこととされている。

　だから、税金がかからないものであっても、「非課税」や「免税」とはしっかりと区分しておかなければいけないんだ。

A子さん　課税売上割合の計算では、免税売上げは分母と分子に計上するけれども非課税売上げは分母にだけ計上する、不課税収入は分母にも分子にも計上しないということですね？

　国内取引については、次の①から④までのすべての要件を満たす取引が課税対象取引となります（消法２①八、４①）。

①　事業者が事業として行う取引であること

②　対価を得て行う取引であること

③　資産の譲渡または貸付け、役務の提供に該当する取引であること

④　国内において行う取引であること

　消費税は、国内での消費や使用に対して課税するものですから、国内において行われるものでなければ課税の対象とはなりません。

　また、納税義務者である事業者が、事業として行った行為のうち、対価性のある取引で、最終的に、物の販売や貸付け、サービスの提供などに該当するものが課税の対象となるのです。

　消費税の課税区分を理解するためには、まず、この①〜④の要件に該当する取引を「課税対象取引」として把握することが重要です。

　この課税対象取引のうち、消費に馴染まない取引あるいは社会政策的に課税することが適当でない取引が「非課税取引」として限定列挙されています。つまり、課税対象取引のうち、特定のものだけが非課税とされているのであって、非課税取引と課税対象外（不課税）取引とは根本的にその位置付けが違うということに注意する必要があります。

　下図を参照していただきたいのですが、課税対象取引のうち、非課税取引以外のものが「課税取引」となり、さらに課税取引のうち、輸出取引以外のものが最終的に地方消費税を含めて10（8）％課税される取引ということになるのです。

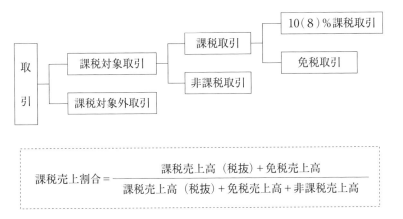

55 内外判定と国際取引

A子さん　香港のM社から入金された情報提供料ですが、国外取引だから不課税収入で処理していいんですよね？

Bくん　それってM社から依頼された国内市場調査の報酬だよね。情報提供の場合には、役務提供地が判然としないということもあるんで、情報提供を行う者の事務所等の所在地により内外判定をすることになってるんだ。

A子さん　ということは、うちの会社は事務所が国内にあるわけだから、受け取った情報提供料は課税になるということですか？

Bくん　国内取引になったからといってすぐに課税されるわけじゃないんだよ。国内取引に該当して課税の対象になったもののなかで、課税することが適当でないものが非課税として別表第一に限定列挙されている。

　また、課税取引であっても外国に輸出する貨物や効果が海外に向けて発生するサービスなどは輸出免税の規定により消費税を免除することとされている。したがって、M社から収受する情報提供料は、国内取引に取り込まれた上で、最終的に輸出免税の規定が適用されて消費税が免除されることになるんだよ。

A子さん　輸出免税って貨物を輸出する場合にしか適用されないと思ってました。サービスも対象になるなんて知らなかったわ…。

　輸出免税の適用範囲は単なる貨物の輸出だけではなく、効果が海外に向けて発生するサービスなども対象になります。ただし、輸出免税の適用を受けるためには、まず、国内取引に該当して課税対象取引となることが前提条件となりますのでご注意ください。

　国際運輸を例に考えてみましょう。日本からアメリカまでの国際航空運賃ですが、このように国際間にまたがる役務の提供の場合には、日本発着のものを国内取引に取り込むこととしています（消令6②一）。

　つまり、日本からアメリカまで、あるいは、アメリカから日本までの国際航空運賃は国内取引に該当し、課税の対象になるというこ

とです。さらには非課税取引にも該当しないので課税取引となり、最終的に輸出免税の規定が適用されることになります（消法7①三）。

　したがって、海外出張の際に航空会社に支払う国際航空運賃は課税仕入れとはならず、仕入税額控除もできません。また、アメリカからフランスまでの国際航空運賃は、日本に離着陸していないことから、そもそもが国内取引には該当せず、仕入税額控除の対象とはなりません。

　そうすると、運賃を支払う事業者にしてみれば「免税だろうが国外取引だろうがどうでもいいだろう」という意見も出てきそうです。

　しかし、航空会社にしてみれば、免税売上高は課税売上割合の計算上分母と分子にカウントするのに対し、国外売上高はいっさい計算に関係させないことになりますので、内外判定には当然にそれなりの重要な意味があるのです。

　なお、外国法人などの非居住者に対するサービスであっても、国内における飲食や宿泊などは国内で直接サービスを提供するものであり、当然に消費税は課税されることになります。

　ただし、M社から収受する情報提供料は、国内で直接サービスを提供するものではありませんので、最終的に輸出免税の規定を適用することができるのです（消令17②七、消基通7-2-16）。

　なお、M社の支店などが日本国内にある場合には、その情報提供が本店との取引なのか支店との取引なのかを判断することができません（消基通7-2-17）。

　したがって、原則としてその情報提供料は免税ではなく、消費税が課税されることとなります。

56　給与と報酬の区分

A子さん　私のいとこのお姉さんが保険の外交員をやってるんです
けど、この間会ったときに「今年から消費税を払わなきゃいけな
くなったの！」って嘆いてました。給料って消費税は非課税じゃ
なかったでしたっけ？

Bくん　給料は非課税というよりも不課税という感じかな。もっと
も、保険会社にしてみれば、課税仕入れにならないという意味で
はどうでもいいことだけどね。多分、いとこのお姉さんは給料
じゃなくて2年前の外交員報酬が1,000万円を超えたんで納税義
務者になったんだと思うよ。

A子さん　外交員報酬と給料って違うんですか？

Bくん　保険の外交員というのは所得税の世界では独立した個人事
業者と考えるんだ。だから外交員が保険の契約件数や内容に応じ
て保険会社から歩合でもらう金銭は事業所得として確定申告が必
要になるんだよ。

　　年間の報酬が1,000万円以下であれば免税事業者になれるけれど
も、いとこのお姉さんのように腕のいい外交員だと年間の報酬が
1,000万円を超える人もいるだろうね。そうすると、その翌々年か
らは課税事業者として申告と納税が義務付けられるということだ。

A子さん　保険会社が外交員に払う給料は不課税になるからいいと
して、歩合で払う報酬は、免税事業者に払う分と課税事業者に払

う分をどうやって区分するんでしょう…。免税事業者に払う分は控除できないわけだから、区分しておかないと消費税の計算ができませんよね？

Bくん　どうするんだろう。自主申告させるのかな？

ポイント

＜給料と報酬の区分＞

　給料と報酬の区分は非常にあいまいで、実務上もトラブルが絶えません。保険の外交員報酬の場合には比較的区別がつきやすいのですが、建設業の場合だったらどうでしょう。下請業者に支払った金銭が、出来高払いの賃金（日当）なのか、請負による報酬（外注費）なのかはいったい何を基準に判断したらよいのでしょうか…？

　個人事業者と給与所得者を区分する場合のポイントは契約形態に

あります。したがって、雇用契約に基づく労働は事業に該当しないため、賃金として扱われることになります。結果、たとえ年間の受取額が1,000万円を超えていても給与所得者に消費税の課税関係は生じない反面、元請業者が支払った金銭は課税仕入れに該当しないため、仕入税額控除はできません。

これに対し、請負契約に基づく労働その他の役務提供は事業に該当することから、年間の受取額が1,000万円を超えた個人事業者は、その翌々年から課税事業者となります。また、元請業者が支払った報酬は課税仕入れに該当し、仕入控除税額の計算に取り込むことができます。雇用か請負かの区分が明らかでない場合には、業務の内容や指揮命令の有無、材料や用具の調達の有無などを総合的に勘案して判断することとされているのですが、実務上は明確な境界線がなく、裁決や判決にもつれ込むケースも決して珍しくありません（消基通1-1-1）。

＜免税事業者からの仕入れ＞

保険会社が外交員に支払った報酬や、建設会社が大工さんなどの一人親方に支払った報酬は、支払先が課税事業者か否かにかかわらず、すべて課税仕入れとして処理することができます。免税事業者は納税義務がありませんから、理屈の上では課税仕入れから除くべきなのでしょうが、現実問題として支払先が課税事業者かどうかなど判断することなどできません。

そこで、多少の不公平感は割り切った上で、免税事業者や消費者からの仕入れも課税仕入れに取り込むことを認めているのです（消基通11-1-3）。

57 給与負担金と労働者派遣料

A子さん　業務委託費なんですが、L社に支払った金額は課税で処理してあるのに、M銀行に支払った金額は不課税になっています。銀行に払う業務委託費は特例で課税されないということなんでしょうか？

Bくん　L社に支払ったのは派遣契約に基づく派遣料だから課税仕入れになる。M銀行に支払ったのは出向契約に基づく給与負担金だから課税の対象とはならない。銀行との取引だけが特別扱いということじゃないんだよ。

A子さん　でも、派遣社員のP子さんとM銀行のQさんは当社の社員と同じ仕事をしてますよ。やってることが同じなのに課税されたりされなかったりするのって変じゃないですか？

Bくん　M銀行に支払ったのは出向社員であるQさんの給与負担金だから、M銀行経由でQさんに給料を払ったことと実質は変わらないことになる。だから僕らの給料と同じように当然に課税仕入れには該当しないことになるわけだ。でも、L社に支払った派遣料は労働者派遣というサービスの対価だから給料とは本質的に異なるものなんだ。実態をみると確かに微妙なところはあるけどね…。

A子さん　労働者派遣の場合には確か法令で業務内容が制約されるんですよね？　以前、グッド…とかいう人材派遣会社が労働者派

遺法に違反して処罰されたという記事を新聞で読んだことがあります。

Bくん　労働者派遣の場合には、基本的には契約で決められたことだけをすればいいわけだから、正社員のようにサービス残業をする必要もないし、嫌な上司の酒の誘いも断っていいわけだ。

A子さん　派遣社員のP子さんが、夕方になると部長さんに

　「お酒呑みにいこうよ♡」

　って誘われて困ってると言ってました。派遣社員は毅然と断って構わないんだと教えてあげなくちゃ！

Bくん　派遣社員じゃなくたって断っていいんじゃないの？

消費税の納税義務者である「事業者」とは、自己の計算において

独立して事業を行う者をいいます。

　したがって、雇用契約に基づく役務の提供は事業には該当しないため、課税の対象とはなりません。こういった理由から、出向契約に基づく給与負担金は給与として扱われることになりますので、出向元法人は収受する給与負担金を課税対象外収入として消費税計算から除外することができます。また、給与負担金を支払う事業者は、たとえ経営指導料などの名目で支払う場合であっても課税仕入れとすることはできません（消基通5-5-10）。

　これに対し、請負契約に基づく労働者派遣は、事業として対価を得て行われる役務の提供に該当しますので、派遣料を収受する事業者は派遣料を課税売上高に計上し、派遣料を支払う事業者はこれを課税仕入高に計上することができるのです（消基通5-5-11）。

　出向と派遣を区別する場合の判断基準ですが、社員の出向の場合には、出向社員は出向元法人だけでなく、出向先法人とも雇用関係があるものと解されています。これに対し、労働者派遣の場合には、派遣社員は派遣元法人とは雇用（委嘱）関係があるものの、派遣先法人とは雇用関係はなく、契約により定められた業務だけを遂行すればよいこととされています。

　したがって、税務調査の際に無用なトラブルなどが起きないように、契約内容をしっかりと確認し、出向契約書あるいは派遣契約書などの書類を整備しておくことが重要です。もっとも、契約書さえ作成しておけば、給与負担金を労働者派遣料に偽装できる？というものでもありませんので、この点はご注意ください。

58 会費、組合費、入会金

A子さん 　○○協会の会費なんですが、消費税の取扱いはどうなるんですか？

Bくん 　○○協会って、たまーに会報を送ってくるくらいで、あとは何やってるんだか分からないんだよね。実体がよく分からないような怪しい団体に払うような会費は、仕入税額控除はできないんじゃないのかな？

A子さん 　実体があるかどうかはどうやって判断するんですか？

Bくん 　対価性があるかどうかが判断のポイントになるらしいよ。同業者団体などに払う通常会費の場合は、会費を払ったことで直接の見返りがあるわけじゃない。つまり、会費に明確な対価関係がないということで、課税の対象とはならないことになる。

A子さん 　スポーツクラブに払った会費を福利厚生費で処理してますけど、あれは福利厚生費だから課税仕入れになるということじゃないんですね。

Bくん 　スポーツクラブに払った会費は施設の利用料だから課税仕入れになるということだ。つまり、会費という名目ではなく、実態が何かということで課税区分を判断すればいいんだよ。

A子さん 　そうはいっても実態がどうなのか判断するのって難しくないですか？

Bくん 　確かにそうだよね。僕の友人で建設会社に勤めてる奴がい

るんだけど、あの業界は怪しい会費がいっぱいあるみたいなんだ。天狗会とかいう名前の会費があって、何なのかと思って調べてみたら現場監督の「袖の下」だった…なんてことがあったらしいよ。

A子さん　それって賄賂じゃないですか。課税仕入れになんか当然ならないですよね？

Bくん　法人税では、良くて交際費課税、最悪「使途秘匿金」として40％の追加課税がされることになる。どう転んでも課税仕入れにはできないだろうね。

仕入税額控除の適用を受けるためには、その明細を帳簿に記帳するとともに、所定の事項が記載された領収書等の書類を保存することが要件とされています（消法30⑦）。したがって、誰に払ったか

言えないような怪しい会費は、当然に課税仕入れとすることはできません。

＜会費、組合費の取扱い＞

同業者団体や組合などが構成員から受ける会費や組合費は、その内容に明白な対価関係があるかどうかで課税か否かを判断することとされています。したがって、名目が会費等とされている場合であっても、それが実質的に出版物の購読料や施設の利用料などである場合には消費税が課税されることになりますので、スポーツクラブの年会費は課税仕入れとして処理することができます。

通常の業務運営のための費用を賄うための「通常会費」ですが、対価性の判定が困難なケースが多いことから、継続適用を条件として、課税の対象外として処理することが認められています。この場合には、同業者団体等は、収受する会費等が課税仕入れにならない旨を構成員に通知することが義務付けられていますので、構成員である事業者は、振込用紙や規約などを確認することにより、支払った会費の課税区分を確認することができるわけです（消基通5‐5‐3）。

＜入会金の取扱い＞

入会金についても会費や組合費と同様に、その内容に対価関係があるかどうかで課税区分を判断することとされています。したがって、ゴルフクラブやレジャー施設などの利用を目的とする入会金で、脱退時に返還されないものは施設の利用料と認識します。法人税では繰延資産として処理することになりますが、消費税では発生時に全額を課税仕入れに計上することができます（消基通5‐5‐4～5）。

59 損害賠償金

A子さん　専務が自動車事故をやったらしいですよ。これで何回目でしたっけ。

Bくん　僕らと違って自腹で修理するわけじゃないから気楽だよね。社長のボンクラ息子にも困ったもんだ…。

A子さん　そもそも専務が乗り回してる自動車が社用車ってこと自体が変ですよ！受付嬢を誘ってドライブにいくとかプライベートにしか使ってないじゃないですか！（怒）

Bくん　確かにそうだよね。専務が事実上プライベートで使ってるんだから、税務上は減価償却資産じゃなくて役員賞与になるんだろうね。ところで、今回の事故の原因は何だったの？

A子さん　噂では自動車の脇を通り抜けようとしたオートバイが接触してドアにキズが付いただけらしいですよ。塗装すればすぐに直るような小さなキズだって、受付のP子さんが言ってました。

Bくん　P子さん、妙に詳しいみたいだけど隣に乗ってたんじゃないの？（笑）今回は珍しく専務の運転ミスじゃないみたいだから、修理代は当然加害者が負担してくれるんだよね？

A子さん　（身を乗り出しながら）実は加害者に会社名義で損害賠償請求をするらしいんですよ。しかもその理由がすごいんだから！

Bくん　どんな理由なの？

A子さん　これもP子さんからの情報なんだけど、専務が受付で気取りながらこう言ったらしいんです。

　「車のキズは修理で直せるけれどもハートのキズは癒せやしない。僕の愛車に付いたキズはいつまでも僕の心に残るのさ」だって…何様のつもりでいるのかしら。

Bくん　「僕の愛車」じゃなくて社用車なんだけど…あんなのが次期社長かと思うと嫌になっちゃうよ。僕らもそろそろ転職を考えた方がいいかもしれないね。

A子さん　ところで、車はそのまま加害者に引き渡すらしいんですが、加害者から収受する損害賠償金は消費税が課税されるんでしょうか?

Bくん　損害賠償金は対価性がないから課税対象外収入でいいんじゃないのかな…。

　資産につき加えられた損害の発生に伴い受ける損害賠償金は、資産の譲渡対価に該当しないことから課税の対象とはなりません。

　例えば、居眠り運転のトラックが店舗に突入して窓ガラスや商品がメチャメチャに壊されたような場合には、当然に加害者である運送会社に損害賠償金を請求することになります。この場合に収受する損害賠償金は、たとえ壊された商品の販売価格相当額として収受する場合であっても課税売上高に計上する必要はなく、課税対象外収入として処理することになります。

　ただし、損害賠償金という名目で収受する金銭であっても、その実体が資産の譲渡代金や特許権の使用料、割増家賃に相当するような場合には、その実体に応じて課税区分を判断することとされていますので注意が必要です（消基通5-2-5）。

　本事例のケースでは、（理由はともかくとして）キズの付いた車を加害者に引き渡すことを前提に損害賠償金を収受するわけですから、その損害賠償金の実体はキズの付いた車の売却代金と認識し、課税売上高に計上することになります。

　会費や組合費もそうですが、消費税は勘定科目だけで課税区分を判断することはできません。その内容が何であるか、どのような経緯で金銭のやりとりが必要になったのかをしっかりと現場担当者からヒアリングする必要があります。

　マニュアルを鵜呑みにするのではなく、まず、課税区分の基本的な考え方をしっかりと理解するように心がけましょう。

60 保証債務の履行

A子さん　Bさんは確か○○駅にあるうちの会社の社宅に住んでる
んですよね。あの社宅用マンションが抵当にとられちゃうらしい
んですよ。知ってました？

Bくん　（びっくりして）うちの会社は借金の返済が滞ったことな
んて一度もないはずだよ。何でいきなり抵当権が実行されるわ
け？

A子さん　（小さな声で）噂によるとこの一件には専務が絡んでる
らしいんですよ。うちの会社が専務のお友達の会社の借金の保証
人になって、社宅用マンションに抵当権を設定したらしいんです。
そしたらご多分に漏れずその会社が倒産して…ということらしい
ですよ。

Bくん　そんなプライベートなことは自分で保証人になってやれば
いいんだよ！　会社まで巻き込んで好き勝手やられたんじゃ僕ら
従業員はたまったもんじゃない（怒）。

A子さん　（ため息つきながら）専務だけじゃ信用がないからお金
貸してくれないんでしょ。怒ったって仕方ないじゃない。ところ
で、マンションは結局競売にかけて売却されるわけですけど、こ
んなものに当然消費税はかかりませんよね？

Bくん　（まだ怒りが収まらない様子で）かかるんだよ！　現実に
建物を売るわけだからトドメに消費税も課税されるということさ。

A子さん　競売にかけずにそのまま銀行に引き取ってもらったらどうかしら…借金のカタに資産を渡すだけだから課税されないんじゃないかしら。

Bくん　なるほど！　それは妙案かもしれないね。

　消費税の課税対象になるかどうかを判断する場合ですが、資産を譲渡した理由は関係ありません。したがって、保証債務を履行する目的で資産を売却した場合にも消費税の課税の対象となりますので注意が必要です（消基通5-2-2）。

　ところで、A子さんの「銀行にマンションを引き取ってもらったらどうか？」という意見ですが、残念ながらナイスアイデアとは言えません。というのも、借金のカタに債権者に資産を引き渡すとい

う行為は、「代物弁済」として課税の対象になるからです。資産を売却し、その売却代金で借金を返済するのと実態は変わらないので、資産の譲渡等に類する行為として課税の対象に組み込むこととされているのです（消法2①八）。

代物弁済をした場合の売上金額は、消滅する借金の額となります。ただし、別途金銭を受領している場合には、その受領した金銭は正に売上金額の一部なわけですから、これを借金の額に加算した金額が売上金額となります（消令45②一）。

ところで、本事例のケースですが、仮に競売によりマンションが売却された場合には、これは代物弁済ではなくノーマルな資産の譲渡になります。

売却代金からは、まず第一順位の抵当権者である銀行の貸付金が差し引かれることになりますが、消滅する借金の額ではなく、マンションの売却代金が売上金額となります。したがって、土地付建物の譲渡として、落札金額を土地の売上高と建物の売上高に区分する必要があるわけですが、この場合の区分の方法は、原則として譲渡する土地と建物の時価の比率により按分することとされています（消令45③）。

ただし、固定資産税評価額や相続税評価額などにより按分することも認められているようです。

また、民間における不動産の売買では、売却日から年末までの未経過期間分の固定資産税を販売者と購入者で清算することが慣行となっていますが、この固定資産税の清算金は売買した不動産の対価として取り扱うこととされていますので注意が必要です（消基通10-1-6）。

61 土地収用法と対価補償金

A子さん　道路の拡張工事で本社の敷地が収用されるみたいですね。

Bくん　道路の端から1メートル位までだからおよそ100平方メートルといったところかな。補償金はいくら位もらえるんだろう…。

A子さん　補償金には消費税はかからないんですよね？

Bくん　課税はされないけど対価補償金は土地の譲渡代金だから非課税になる。つまり、課税売上割合の計算で分母に計上しなければいけないということだ。

A子さん　補償金は補助金や寄付金と同じで課税対象外収入じゃないんですか？

Bくん　土地が収用されて補償金を取得するということは、言うなれば、土地を売却してその売却代金として補償金を取得するということだ。だから、たとえ国や地方公共団体から収受するものであっても、収用による対価補償金の取得は対価性のある取引として課税の対象となり、土地の補償金であれば非課税売上高に計上することになる。まれに建物が収用されることもあるらしいけど、建物の補償金であれば正に建物の売却代金だから課税売上高になるわけだ。

A子さん　商売をやってたりすると収益補償もしてくれるって聞いたことがあります。収益補償金は正に売上高の補償だから課税になるんですよね。

Bくん そこは違うみたいだよ。あくまでも課税の対象になるのは本体部分の対価補償金だけで、移転補償金や収益補償金などは賠償金と認識するらしいんだ。つまり、これらのオマケ？ の補償金は課税対象外収入として処理していいということだ。うちの会社の場合には、収用があっても営業に差し障りはないから収益補償金はもらえない。でも、ブロック塀を取り壊して作り直すことになるだろうから、これについては何らかの補償金がでると思うんだ。これは課税対象外収入として処理していいということだね。

A子さん 土地が収用されると非課税売上高が急増するんで課税売上割合が低下して不利になりますよね。仕入税額控除が制限された分は補償してくれないのかしら？

Bくん ダメモトで交渉してみてもいいかもしれないね。絶対ダメだと思うけど…（笑）

　Bくんにあらかた説明してもらったんで、私からは移転補償金と法人税の関係について解説させていただきます。

　土地の収用に伴い、建物を移転させるために移転補償金が支払われることがありますが、実際に建物を移転させることはまれであり、あらかたは移転補償金を原資に新たに建物を新築することが多いようです。

　建物の移転補償金を収受した事業者がその建物を移転させずに取り壊した場合には、その移転補償金を対価補償金として認識し、法人税の申告で圧縮記帳の規定を適用することが認められています。

　紙面の都合上、詳しい説明は省略しますが、要は収受した移転補償金に課税しない代わりに建物の取得価額を減額させ、減価償却費や売却時の譲渡益を通じて課税を繰り延べるということです。ただし、これはあくまでも法人税における課税の特例として「対価補償金」とするものであり、建物が収用されたことによる対価ではありません。したがって、消費税の世界では、建物の移転補償金は課税対象外収入として取り扱うことになるので注意が必要です。

　Bくんが説明してくれたように、課税の対象となるのは土地や建物の対価補償金だけであり、移転補償金や収益補償金、経費補償金などの対価補償金以外の補償金は、対価性のない賠償金として処理すればよいことになります（消令2②、消基通5-2-10）。

仕入税額控除編（Part 1）

　とある会社の経理部での会話です。

　主任クラスの職員となると、さぞかしレベルが高いと思いきや…以外にそうでもなさそうです。

62　95%ルールの改正

とある会社の経理部の会話です。

主任A　95%ルールの改正は本当に厄介だよね。

主任B　（恥ずかしそうに）どんな改正だったっけ？

主任A　うちの会社の場合には、例年の課税売上割合は常に95%以上だから、昔は課税仕入れ等の税額は全額控除ができていた。でも、最近は売上高が5億円を超えるようになったんで個別対応方式か一括比例配分方式での按分計算が必要になる。つまり、課税仕入れの用途区分をしなければいけないということだ。

主任B　無理して個別対応方式を採用しなくたって一括比例配分方式でいいんじゃないの？

主任A　試算してみると分かるんだけど、個別対応方式のほうが相当有利になるんだ。それに、一括比例配分方式は2年間の継続適用義務があるんで、うかつに採用すると後で面倒なことにもなりかねない。いずれにせよ、課税仕入れの用途区分は必須になったと覚悟したほうがよさそうだね。

主任B　（不安そうな顔で）どうしてもやんなくちゃいけないの？

主任A　クビになりたくなければね（笑）。

ポイント

＜改正法の概要＞

　旧法では、課税売上割合が95％以上の場合には、課税仕入れ等の税額について、全額を控除することを認めています（95％ルール）。この95％ルールは、税額計算の簡便化を目的として設けられたものであり、経理処理能力のある大企業についてまで認める必要はありません。こういった理由もあり、平成23年度改正では、無条件に認めていた全額控除制度を改め、その課税期間の課税売上高が5億円以下の事業者に限り適用することとしたのです。

　したがって、課税売上高が5億円を超える事業者は、たとえ課税売上割合が99％でも個別対応方式か一括比例配分方式による按分計算が義務づけられることになります。また、課税売上高が5億円以

下の事業者でも、課税売上割合が95％未満の場合には当然に按分計算が必要となりますので、全額控除が認められるのは、課税期間中の課税売上高が５億円以下で、かつ、課税売上割合が95％以上の事業者に限られるということです。

　なお、課税期間が１年未満の場合には、課税期間中の課税売上高を年換算した金額で判定することとなりますのでご注意ください（消法30②⑥）。

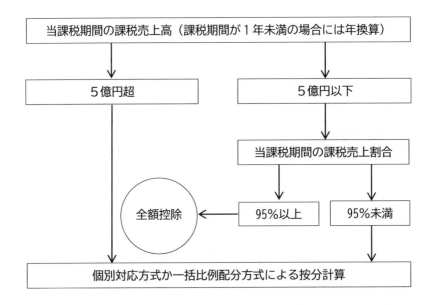

63 課税仕入れの用途区分①

経理部では個別対応方式について何やら議論をしています。

主任A 　部長と相談したんだけど、個別対応方式を適用するための課税仕入れの用途区分について、社内マニュアルを作ることになったんだ。

主任B 　うちの会社は家電製品の販売業だから製品仕入高は課税売上対応分で問題ない。交際費や福利厚生費はどうなるのかな？

主任A 　売上げと明確な対応関係のないものはすべて共通対応分と考えるらしいんだ。基本は個別に判断するんだろうけども、管理費は結果として共通対応分に区分せざるを得ないんじゃないのかな？

主任B 　非課税売上げといってもうちの会社は受取利息と社宅使用料収入くらいしかないよね？　福利厚生費や水道光熱費みたいな管理費は、受取利息や社宅家賃には関係していないわけだから、課税売上対応分に区分してもいいんじゃないのかな？

主任A 　僕も違和感は感じている。でも、視点を変えて考えてみれば、会社の事業活動の結果、余裕資金ができて預金利息が発生するわけだから、管理費が受取利息にまったく関係していないと決めつけることもできないような気もするんだよね。

　そう考えると、結局のところ、明確な対応関係のないものは共通対応分に区分せざるを得ないと思うんだ。

ポイント

　個別対応方式を適用する場合には、課税仕入れ等の税額を

①　課税売上対応分

②　非課税売上対応分

③　共通対応分

に区分することが必要となります。

　まず、①の課税売上対応分ですが、この会社の場合であれば、電化製品の仕入高をはじめ、製品保管用倉庫の家賃や製品の運送費、広告宣伝費などがこれに該当することになります。

　次に②の非課税売上対応分ですが、土地や有価証券を売却するための手数料、お医者さんであれば、保険診療にだけ使用する医薬品

やレントゲンなどの医療器具の購入費などがあります。

　お医者さんの場合には、製薬会社や医療機器メーカーから購入した医薬品や医療器具について、保険診療に使うか自由診療に使うかを区分することは現実には難しいと思われます。こういった理由から、実務上はお医者さんの申告は一括比例配分方式を採用するケースが多いようです。

　最後に、課税売上対応分と非課税売上対応分のいずれにも該当しないものが③の共通対応分となります。具体的には、課税売上げと非課税売上げのいずれにも関係するもののほか、売上げと明確な対応関係のないものもすべてここに区分することになります。

　個別対応方式を適用する場合には、課税仕入れ等の税額を、三つのいずれかのボックスに収納しなければなりませんので、どこにも入らない課税仕入れというものは存在しません。

　例えば、学校に寄付する目的でピアノを購入した場合には、このピアノの購入費は課税仕入れに該当し、課税売上割合が95％以上であれば、旧法では全額が仕入税額控除の対象となります。個別対応方式を適用する場合には、このピアノは学校に寄付してしまうわけですから売上げとの対応関係はありません。結果、このような課税仕入れは、共通対応分に区分せざるを得ないことになるのです（消基通11-2-17）。

　したがって、Ａさんの言うように、課税売上対応分でも非課税売上対応分でもない中途半端な課税仕入れは、すべて共通対応分に押し込んで!?　個別対応方式を適用することになるのです。

64 課税仕入れの用途区分②

前回（64 課税仕入れの用途区分①）に引き続き、個別対応方式のことで何やらもめてるようです。

主任B うちの会社には非課税売上対応分になる費用ってあるのかな？

主任A 財テクでもやっていれば証券会社に支払う委託手数料があるけれども、うちの会社の場合には不要な土地でも売らない限りないかもしれないね。

主任B 社宅用のマンションを一棟丸ごと借り上げてるけど、あの家賃は社宅使用料収入と紐付きになるんで非課税売上対応分になるんじゃないの？

主任A 勘違いしやすいところなんだけど、「非課税仕入れ」と「非課税売上げにのみ要する課税仕入れ」は全く取扱いが違うんだ。社宅の借上料は非課税仕入れだから、そもそもが消費税の計算に関係しないことになるんだよ。

主任B なるほどね…。土地を買ったら非課税仕入れになるのに対し、土地を買うときに払った仲介手数料は課税仕入れに該当する。土地の帳簿価額に加算するわけだから、「非課税売上対応分」ということか…（妙に納得している）。

主任A 土地を買ったときの仲介手数料は、その土地の利用目的で用途区分を判断するんだと思うよ。土地の帳簿価額に加算すると

いう理由だけでは土地の売却収入に対応していることにはならな
いんじゃないのかな？

主任B　（ため息をつきながら）課税仕入れの用途区分って本当に
難しいんだね。

　課税仕入れの用途区分は勘定科目や会計処理で判断することはで
きません。業種や経営方針、収入項目などの諸事情を総合的に勘案
して判断しなければならないところに用途区分の難しさがあります。
　例えば、この会社で建物を新築した場合を考えてみましょう。
　製品販売用の店舗であれば、課税売上対応分になることは異論が
ないと思います。
　本社ビルだったらどうでしょうか…答えは「共通対応分」です！

　違和感を感じるかもしれませんが、本社ビルの建築費は会社の経営活動全般に関係するものであり、わずかな金額ではありますが、受取利息などの非課税売上げにも多少なりとも関係していることになります。また、売上げとの明確な対応関係がないということもあり、結果、共通対応分に区分することになるのです。

　社宅用マンションを新築した場合には、非課税となる社宅使用料収入と紐付きになりますので非課税売上対応分に区分します。

　ただし、社宅用マンションは居住用賃貸建物に該当しますので、一括比例配分方式を適用しても仕入税額控除はできません。

㊟　社宅を従業員に無償で利用させる場合には、その社宅の建築費は売上げと明確な対応関係がないことから共通対応分に区分することになります。国税庁の質疑応答事例《(仕入税額控除(その他))－11社宅に係る仕入税額控除)》によると、無償で利用させる社宅は居住用賃貸建物には該当しないため、一括比例配分方式を適用することにより、課税売上割合分だけは仕入税額控除ができることとなるようです

　また、土地を買った場合に支払う仲介手数料ですが、これはAさんの言うように、その土地の利用目的によって用途区分が異なることになります。転売用の土地であれば、土地の売上げと紐付きになりますので非課税売上対応分に区分します。建売住宅の敷地であれば、土地だけでなく、建物の売上げにも貢献することから共通対応分に区分します。貸ビルを建築するための敷地であれば、家賃収入が課税売上げとなりますので、ビルの建築費だけでなく、土地の購入に要した仲介手数料も課税売上対応分に区分することができるのです。なお、課税仕入れ等の用途区分は課税仕入れ等を行った日または課税期間末の現況で判断しますので、同一の課税期間で根拠となる売上げが発生する必要はありません（消基通11-2-20）。

65 課税売上割合の計算

主任A 前から気になってたんだけど、うちの会社は従業員から徴収する社宅使用料収入を社宅の借上料と相殺処理してるよね。社宅使用料収入は非課税売上高だから、これって支払家賃と社宅使用料収入を両建にしなくちゃいけないんじゃないのかな？

主任B 僕もそれが気になって、以前、監査を担当している公認会計士に聞いたことがあるんだ。そしたら「決算書はスリムに表示する必要があるんで必ず相殺してください」って言われたんだよね。それ以来、従業員から徴収した社宅使用料は社宅家賃から減額処理することにしているんだ。

主任A 決算修正で勝手に雑収入とかに振り替えたらダメなのかな？

主任B 税務上は問題ないだろうけど、監査法人が許してくれないと思うよ。決算書に社宅使用料収入の表示がないわけだから、これを無理矢理？非課税売上高に計上するのも何だか変な感じがする。だから、今までも消費税の計算では非課税売上高に計上しないで課税売上割合を計算しているんだ。

　どっちにしろ課税売上割合が95％以上になるから納付税額に影響はないからね。

＜社宅使用料収入の取扱い＞

　社宅使用料収入は非課税売上高となりますので、課税売上割合の計算上、分母に計上することになります。消費税の計算は、会計処理の違いにより結果が変わるものではありません。

　したがって、決算で相殺処理をしている場合であっても、社宅使用料収入は非課税売上高に計上する必要があるのです。

　課税売上割合が95％以上となる事業者は、従来であれば相殺処理後の決算数値で消費税の計算をしても、納付税額に影響がでることはありませんでした。しかし、平成23年度改正により、課税期間中の課税売上高が５億円を超える規模の事業者は、たとえ課税売上割合が99％でも個別対応方式か一括比例配分方式による按分計算が義務付けられましたので、たとえわずかな非課税売上高であっても、これを分母に計上する場合としない場合では納付税額が変わってくることになるのです。

　法人税においては、会計基準に従って算出された決算利益を別表四により調整し、法人税の所得金額に変形していきます。消費税計算においても、決算書の数値をそのまま用いるのではなく、必要に応じてこれをアレンジしなければならないということです。

　また、消費税の計算においては、原則として相殺処理は認められません。また、会計処理とも連動させる必要はありませんのでご注意ください。

＜受取利息の取扱い＞

　銀行預金の利息からは15.315％の源泉税が天引きされますが、利息の金額が小さい場合には、あえてこれを総額に割り戻さずに、入金額をそのまま受取利息として計上することがあります。

　このような処理をした場合にも、本来受取利息として計上されるべき金額が、源泉税の金額（総額×15.315％）だけ少なく計上され、結果、課税売上割合が過大に計算されることとなりますので注意が必要です。

＜受取利息と受取配当金＞

　課税売上割合の計算上、受取利息は非課税売上高として分母に計上されるのに対し、受取配当金は課税対象外収入となりますので、計算にはいっさい関係させません。

　企業会計の世界では、受取利息と受取配当金はともに営業外収益として同列の扱いがされ、決算書には合計金額だけが表示されることもあります。しかし、消費税の世界では受取利息と受取配当金はまったく異質のものとして処理する必要があるのです。

66　社宅と保養所の建築費

主任B　噂によると、従業員用の社宅マンションと福利厚生目的の
　　保養所（別荘）を購入する計画があるらしいね。

主任A　お金が余っているなら給料をあげてほしいな（笑）

主任B　個別対応方式を適用する場合、社宅用マンションの建築費
　　は必ず非課税売上対応分に区分しなければいけないのかな？例え
　　ば、社宅を無料で利用させている場合には、売上げとの対応関係
　　がないことから共通対応分に区分できると僕は思うんだけど…

主任A　社宅がタダになったらみんな喜ぶだろうね。絶対無理だと
　　思うけど…。

主任B　「仕入控除税額が増えてお得になりますよ」って社長に提
　　案してみようか。案外その気になったりして（笑）

主任A　社宅を無料で貸したりすると、従業員に利益の供与があっ
　　たと認定されて給与課税されるらしいんだ。だから無料による社
　　宅の賃貸は、実務上はあり得ないことなんだと僕は思うよ。

主任B　保養所の建築費はどうなるんだろう…福利厚生目的だから
　　共通対応分になるのかな？

＜社宅の建築費＞

社宅の建築費は居住用賃貸建物に該当することから、たとえ一括

220

比例配分方式を適用しても仕入税額控除はできません。

　ただし、社宅を従業員に無償で利用させる場合には、その社宅の建築費は売上げと明確な対応関係がないことから共通対応分に区分することになります。国税庁の質疑応答事例《（仕入税額控除（その他））－11社宅に係る仕入税額控除）》によると、無償で利用させる社宅は居住用賃貸建物には該当しないため、一括比例配分方式を適用することにより、課税売上割合分だけは仕入税額控除ができることとなるようです。

　Aさんが言うように、社宅を無償で貸与すると所得税法上給与課税されますので、実務上は認定課税されない程度の使用料を徴収することが多いようです。この場合の社宅の建築費は、その徴収する使用料の額に関わらず、非課税売上対応分に区分することになり、居住用賃貸建物に該当しますので仕入税額控除はできません。

221

　ただし、夜勤をする従業員のために仮眠所を建築する場合には、従業員から使用料を徴収する必要はありませんので、その建築費は共通対応分に区分することができます。また、課税物品の製造工場で働く工員のための仮眠所を建築する場合であれば、その建築費は製品売上高と紐付きになるものとして課税売上対応分に区分できることになります。

＜保養所の建築費＞

　従業員から収受する保養所の利用料は、非課税となる社宅使用料収入とは異なりますので消費税が課税されます。したがって、保養所の建築費は課税売上対応分に区分することができます。

　一方、従業員に無料で保養所を利用させる場合には、その保養所の建築費は売上げとの明確な対応関係がないものとして共通対応分に区分することになります。

　取得した建物の用途区分については、その課税仕入れを行った時点の状況で判断することが原則とされています（消基通11-2-20）。また、その後に用途が変更になったとしても、原則として税額調整や修正申告は必要ありません。

　したがって、保養所を取得した場合には、一日あたりの利用料を明記した保養所の利用約款などを作成し、社内メールなどにより従業員に周知させることをお勧めします。このような工夫をすることにより、保養所の建築費を課税売上対応分に区分することができるわけですから、後の税務調査でトラブルに巻き込まれるようなことがないように、事前の準備が必要です。

67 用途未確定と用途変更

主任A うちの会社の隣にできた新築マンションだけど、入居者募集の看板には「住居又は事務所」って書いてある。家主が個別対応方式を適用する場合には、この建物の建築費は共通対応分に区分することになるのかな？

主任B 事務所の家賃が課税で住宅の家賃が非課税だから、共通対応分に区分することになるんだろうね。不動産会社に勤めている知人から聞いたんだけど、東京の山手線内の賃貸マンションは住宅用に限定してしまうとなかなか入居者が決まらないらしいんだ。通勤には便利だけれど、住環境はお世辞にもいいとはいえないからね。

主任A 用途が決まらないまま決算になったらどうしたらいいんだろう？

主任B 用途未確定ということであれば共通対応分に区分するしかないんじゃないの？

主任A 用途未確定のマンションを取得して共通対応分に区分すると、建築費のうち課税売上割合分だけが控除できることになる。翌期になってから用途が住宅用に確定した場合には、当初の用途区分を非課税売上対応分に変更して修正申告しなければいけないのかな？

主任B 用途が未確定だったことは証明のしようがないわけだから、

修正申告するしかないんじゃないのかな…

＜用途未確定の場合の用途区分＞

　個別対応方式を適用する場合において、課税（非課税）売上高と紐付きの関係にないものは、すべて共通対応分に区分することになります。また、用途区分の判定時期は、原則として課税仕入れを行った日の状況によることとされていますので、建物の取得時点で用途が未定の場合には、その後の用途に関わらず、その建築費は共通対応分に区分することになります。

　ただし、課税期間の末日までに用途が確定した場合には、その確定した用途に区分することも例外的に認められています（消基通11- 2 -20）。

　そうすると、賃貸物件を取得した時点で用途が未定の場合には、課税期間中に全室居住用として賃貸することが確定した場合であっても共通対応分に区分することが可能となり、結果、建築費のうち、課税売上割合分だけが控除できることになるのでしょうか…？　また、理屈の上では共通対応分に区分することができたとしても、実務上は事実認定が重要となりますので、取得時の用途が未定であったことを客観的に証明することができない限り、最終的に全室居住用で賃貸した物件の用途は、非課税売上対応分に区分せざるを得ないようにも思います。

＜居住用賃貸建物を取得した場合の仕入税額控除の制限＞

　「住居又は事務所」として入居者募集をする物件は、賃借人の用途が確定していないことから居住用賃貸建物に該当するため、そもそも仕入税額控除ができません（消法30⑩、消基通11-7-1）。

　居住用賃貸建物については、取得日から翌々期の末日までの間において、その物件から発生した賃貸料収入を基礎にして計算した金額を、翌々期の仕入控除税額に加算して調整することが認められています（消法35の2）。よって、取得時に控除できなかった物件の消費税額について、取得日から翌々期の期末までに収入した住宅家賃と事務所家賃の比率（課税賃貸割合）により、下記の算式により計算した金額を取り戻し控除することができます。

$$\text{居住用賃貸建物に課された消費税額} \times \frac{\text{取得日から翌々期の期末までの課税家賃収入の合計額}}{\text{取得日から翌々期の期末までの家賃収入の合計額}} = \text{調整税額}$$

＜転用した場合の税額調整＞

　貸店舗などの課税業務用の建物は、個別対応方式を適用することにより、建築費の全額を仕入税額控除の対象とすることができます。

　ただし、これを３年以内に賃貸住宅などの非課税業務用に用途変更した場合には、当初の控除税額を、転用日の属する課税期間の調整前の仕入税額からカットしなければなりません（消法34）。

　具体的には、１年以内の転用の場合には当初控除した仕入税額の全額、２年以内の場合には３分の２、３年以内の場合には３分の１をカットします。

＜居住用賃貸建物を転用した場合＞

　非課税業務用調整対象固定資産を３年以内に課税業務用に転用した場合には、当初控除できなかった仕入税額を追加で控除することが認められています（消法35）。

　ただし、非課税業務用調整対象固定資産に該当する「居住用賃貸建物」を３年以内に課税業務用に転用したとしても、居住用賃貸建物についてはそもそも仕入税額控除の規定が適用されませんので、非課税業務用調整対象固定資産を課税業務用に転用した場合の仕入税額控除の調整はできません。

　居住用賃貸建物を取得して、翌々期の末日までに課税業務用に転用した場合には、転用日以後に発生する課税家賃収入をベースに計算した「課税賃貸割合」により調整税額を計算することになります。

68 共通用課税仕入れの分解

　平成24年3月に国税庁が公表した「仕入控除税額の計算方法等に関するＱ＆Ａ」を参考に、Ａさんの会社では、課税売上割合に準ずる割合の活用を検討しているところです。

　しかし、課税売上割合に準ずる割合は、実務上の適用事例が極端に少ないことに加え、税務署長の承認を受けることが要件とされているため、経理部長はいまひとつ乗り気でありません。また、承認申請をすることにより、当社の作戦？が税務署に筒抜けになることにも妙な警戒感があるようです。

　Ａさんとしては、この機会に課税売上割合に準ずる割合の活用を研究したいところなのですが、いかんせん、部長に逆らうわけにはいきません。結局、部長の指示の基、消費税法基本通達11-2-19（共通用の課税仕入れ等を合理的な基準により区分した場合）の活用を検討することになりました。

　共通用課税仕入れについては、合理的な基準により課税売上対応分と非課税売上対応分に区分することが認められています。

　医療業であれば、保険診療報酬だけが非課税となりますので、自由診療報酬や医薬品、レントゲンのような医療機器の売買は消費税が課税されます。そこで、お医者さんが保険診療と自由診療のどち

らにも使用する脱脂綿やオキシドールのような医薬品を仕入れた場合には、患者数の比率や使用薬価の比率（使用実績による薬価の比率）により、共通対応分となる医薬品の仕入れを区分することが認められているようです（例解実務ガイド消費税法（改訂版）326ページ・上杉秀文著／税務研究会出版局）。

　悩ましいのは、合理的か否かの判断基準が実務上曖昧であり、最終的には課税庁の裁量により、その適用が否認される危険性があるということです。

　この点に関し、国税庁のＱ＆Ａでは本通達の適用要件として、下記①～③のような判断基準を示しています。

①　課税（非課税）売上高との対応関係が明確かつ直接的であること

② 生産実績のように既に実現している事象の数値のみによって算定される割合であること

③ その合理性が検証可能な基準により機械的に区分することが可能であること

いかがでしょう…上記①～③を読んでご理解いただけるでしょうか。非常に難解な日本語（？）で解説されていますので、執筆者である私にも、正直言って国税庁の意図するところがよくわかりません。おそらくは、将来の売上予測などを用いて共通用仕入れを分解するような手法は認めないということなのだろうと思うのですが…。

なお、上記の適用要件の他、国税庁Ｑ＆Ａでは、土地付建物を譲渡する場合の仲介手数料（共通対応分）を分解し、土地の譲渡に係る手数料（非課税売上対応分）と建物の譲渡に係る手数料（課税売上対応分）に区分することは合理的であると解説しています。また、上記①～③の解説に加え、各事業者固有の特殊な実情に則した仕入控除税額の計算を行う必要がある場合には、事前に課税売上割合に準ずる割合の承認を受ける必要がある旨を解説していますので、本通達の適用は、課税売上割合に準ずる割合の承認申請をする前段階で、適用を検討すべきものと整理することができそうです。

いずれにせよ、本通達は、税務調査の際にトラブルが発生しないよう、適用の是非を慎重に検討する必要がありそうです。また、本通達の活用と平行して、課税売上割合に準ずる割合についても、その活用方法を研究する必要があるように思います。

69　控除対象外消費税額等

　Aさんの会社は税抜経理を採用しています。区分経理した仮受消費税等と仮払消費税等は決算修正で未払消費税等と相殺し、貸借の差額については、原則として雑損失又は雑収入勘定により処理（清算）しています。

　Aさんの会社では、今までは95％ルールの恩恵を受け、課税仕入れ等の税額はその全額を仕入税額控除の対象としてきたために、控除対象外消費税額等が発生したことはありませんでした。しかし、平成23年度改正による95％ルールの縮小により、今後は多少なりとも控除対象外消費税額等は必ず発生することになります。そこで、控除対象外消費税額等について調べてみることにしました。

　＜控除対象外消費税額等とは？＞

　税抜経理を採用した場合において、控除できずに残ってしまう仮払消費税等のことを控除対象外消費税額等といいます。したがって、税込経理を採用した場合は勿論のこと、税抜経理を採用した場合であっても課税売上高が5億円以下で、かつ、課税売上割合が95％以上の場合には、控除対象外消費税額等は発生しないことになります。

　控除対象外消費税額等については、固定資産に係るものと交際費等に係るものについて注意が必要です。

＜固定資産に係る控除対象外消費税額等の取扱い＞

　固定資産につき発生した控除対象外消費税額等については、その事業年度における課税売上割合が80％以上の場合、あるいは課税売上割合が80％未満であっても、一の固定資産につき発生した控除対象外消費税額等が20万円未満の場合には、支出時の損金として処理することが認められています。

　注意を要するのは、固定資産を取得した事業年度の課税売上割合が80％未満で、かつ、その固定資産に係る控除対象外消費税額等が20万円以上の場合です。この場合には、その控除対象外消費税額等については、次のいずれかの方法により処理することとされています（法令139の4）。

　①その固定資産の取得価額に加算して減価償却する方法

　②繰延消費税額等として資産に計上し、均等償却する方法

償却限度額

繰延消費税額等　÷　60　×　　当期の月数

㊟　初年度は上記算式により計算した金額の1/2が償却限度額となります。

＜交際費等に係る控除対象外消費税額等の取扱い＞

　法人税法上、交際費等については資本金等の額により、損金算入額が制限されています。この損金不算入額の計算の基礎となる支出交際費等については、税込経理の場合には税込金額、税抜経理の場合には税抜金額で計算することになっています。

　したがって、税抜処理をした方が支出交際費等の額が少なくなり、所得計算上有利となるわけです。

　ただし、控除対象外消費税額等で交際費等に係るものがある場合には、その金額は、支出交際費等の額に含めたところで損金不算入額を計算することとされていますので注意が必要です（消費税法等の施行に伴う法人税の取扱いについて十二）。

　支出交際費等と固定資産に係る控除対象外消費税額等の取扱いは全くベツモノです。したがって、たとえ課税売上割合が80％以上であっても、交際費等に係る控除対象外消費税額等は支出交際費等の額に加算する必要があることに注意する必要があります。

仕入税額控除編 （Part 2）

　95%ルールの改正に伴う悩みや相談、勘違いなどをアラカルト形式で集めてみました。

70 計算方法の選択誤りと更正の請求

　不動産業を営むP社は、販売用の土地を取得した事業年度におい
て、個別対応方式を選択して消費税の確定申告書を提出しました。
申告期限後になってから、一括比例配分方式の方が有利であること
が判明したので、嘆願による更正の請求を検討しています。果たし
て更正の請求は認められるでしょうか…？

　なお、経理担当者によれば、P社は毎期個別対応方式により仕入
控除税額を計算していたことから、当該事業年度においても個別対
応方式が有利になるものと誤認をし、一括比例配分方式の試算を失
念したとのことです。

＜個別対応方式と一括比例配分方式＞

　平成23年度改正により、課税売上高が５億円を超える規模の事業
者は、いわゆる95％ルールの適用除外とされました。したがって、
課税売上割合の数値に関係なく、個別対応方式か一括比例配分方式
による仕入控除税額の計算が義務付けられることになります（消法
30②前文）。

　個別対応方式とは、課税仕入れ等の税額をその用途に応じて①課
税売上対応分、②共通対応分、③非課税売上対応分の三つに区分し、
次の算式により仕入控除税額を計算する方法です。

①＋②×課税売上割合＝仕入控除税額

　したがって、「販売用の土地の取得に係る手数料や造成費」は③の非課税売上対応分に区分することから、仕入控除税額はゼロになります。

　一括比例配分方式とは、課税仕入れ等の税額の合計額に課税売上割合を乗じて仕入控除税額を計算する方法です。

（①＋②＋③）×課税売上割合＝仕入控除税額

　つまり、「販売用の土地の取得に係る手数料や造成費」であっても、課税売上割合を乗じた分だけは仕入税額控除ができることになります。

　一括比例配分方式は、課税仕入れの用途区分が困難な事業者に配慮して設けられた仕入控除税額の簡便計算で、その選択については特段の制約はありません。

　例年であれば個別対応方式が有利となる場合であっても、本事例のように非課税売上対応分の課税仕入れが多いような場合には、一括比例配分方式が有利となるケースもあるので注意が必要です。

＜非課税売上対応分とは？＞

　非課税売上対応分となる課税仕入れには、例えば次のようなものがあります（消基通11-2-15）。

　①　土地の売却に係る仲介手数料

　②　販売用土地の造成費

　③　保険診療にのみ必要な医薬品や医療器具等の仕入れ

　④　有価証券の売買に係る委託手数料

　⑤　居住用賃貸建物の取得費

　注意したいのは、上記①～⑤はすべて「課税仕入れ」に該当するものだということです。土地の購入費や支払利息などは「非課税仕入れ」であり、何があっても絶対に仕入税額控除はできません。

＜更正の請求の是非＞

　法令の解釈を誤ったなどの理由により納付税額が過大となった場合または還付税額が過少となった場合には、更正の請求により過大納付税額や過少還付税額の取り戻しができます。

　しかし、本事例における個別対応方式の適用は、納税者にとって不利にはなるものの、その計算方法は法令に従ったものであり、誤りではありません。したがって、一括比例配分方式が有利であったことを理由とする更正の請求はできませんのでご注意ください（国通23）。

71　一括比例配分方式の継続適用義務

　平成Ｘ１年10月１日に資本金1,000万円で12月決算法人を設立し、設立事業年度は一括比例配分方式により仕入控除税額を計算しました。

　一括比例配分方式を選択した場合には、その翌期も一括比例配分方式が強制適用になるとのことなので、第３期の申告から、個別対応方式に変更することを予定しています。果たして変更は可能なのでしょうか？

＜一括比例配分方式の継続適用義務＞

　一括比例配分方式を選択した場合には、その選択した課税期間の初日から２年を経過する日までの間に開始する各課税期間において一括比例配分方式を継続適用しなければ、個別対応方式への変更はできません（消法30⑤）。したがって、課税期間が１年サイクルの場合には、一括比例配分方式を採用した翌課税期間において、個別対応方式に変更することはできないことになります。ところで、新設法人のように事業年度が１年サイクルでないケースでは、一括比例配分方式の拘束期間が２年を超える場合があるので注意が必要です。

　本事例のケースでは、一括比例配分方式を採用した課税期間の初

日（平成Ｘ１年10月１日）から２年を経過する日（平成Ｘ３年９月30日）の属する課税期間は設立第３期であり、結果、３期目まで一括比例配分方式が強制適用されることになるのです。

＜翌期の課税売上割合が95％以上となった場合＞

　一括比例配分方式の強制適用期間中であっても、課税期間中の課税売上高が５億円以下であり、かつ、課税売上割合が95％以上の場合には、課税仕入れ等の税額の全額を控除することができます。例えば、一括比例配分方式を適用した課税期間の翌課税期間における課税売上割合が96％になった場合には、課税仕入れ等の税額の96％しか控除できないということではなく、その全額が控除できるということです（消基通11‐２‐21）。

　また、強制適用期間を経過した後の課税期間においては何ら制約

はありませんので、たとえ一括比例配分方式を継続適用していなくとも、その翌課税期間において、個別対応方式を採用することは何ら問題ありません。

＜期間短縮制度を活用する＞

本事例では、設立第3期まで一括比例配分方式が強制適用となりますので、結果、第4期からでなければ個別対応方式への変更はできません。そこで、1ヶ月でも早く個別対応方式へ変更したいという場合には、期間短縮制度の活用をお勧めします。

具体的には、平成X3年9月30日までに「課税期間特例選択・変更届出書」を提出し、平成X3年10月1日から課税期間を3ヶ月に短縮します。これにより、一括比例配分方式が強制適用となるのは平成X3年1月1日～平成X3年9月30日課税期間までとなりますので、平成X3年10月1日～平成X3年12月31日課税期間からは個別対応方式への変更が可能となるのです。

ただし、平成X5年7月1日～平成X5年9月30日課税期間以後でなければ「課税期間特例選択不適用届出書」を提出することはできませんのでご注意ください。

上記期間中にこの届出書を提出することにより、平成X5年10月1日～平成X5年12月31日課税期間から期間短縮の効力は失効し、平成X6年1月1日～平成X6年12月31日課税期間から1年サイクルの課税期間に戻ることができます。

72　非課税売上げが預金利子しかない場合の用途区分

　電化製品の販売業を営むA社は、課税売上高が5億円を超えることが予想されることから、当事業年度（課税期間）より、23年度改正法の適用を受けることになりそうです。A社の収入は製品売上高の他、若干の預金利息が毎期発生しています。経理部では、下記①〜③の理由から、製品仕入高や販売費は当然のこと、福利厚生費や水道光熱費のような一般管理費についてもすべて課税売上対応分に区分できるものと考えているようです。

　①預金利息に対応する課税仕入れは存在しないこと

　②製品の販売を目的として事業活動を営んでいること

　③預金利息は事業活動に付随して発生したものであること

<共通対応分の課税仕入れとは？>

　個別対応方式を適用する場合の課税仕入れの用途区分にあたっては、まず、課税仕入れの中から課税売上対応分と非課税売上対応分を抽出します。これにより、必然的に余ったものがすべて共通対応分に区分されることになります。つまり、課税売上高と非課税売上高のどちらにも対応する課税仕入れだけでなく、売上高と明確な対応関係のないものもすべて共通対応分に区分するということです。

　例えば、自動車事故の示談を弁護士に依頼して加害者から損害賠

償金を得るような場合は、その損害賠償金は対価性のないものであり、課税の対象とはなりません。よって、弁護士に支払う報酬は課税対象外収入と紐付きになるものであり、共通対応分に区分することになります。

　また、贈与する目的で課税資産を取得した場合には、その資産の取得は課税仕入れに該当し、売上高との対応関係がないことから共通対応分に区分することになるのです（消基通11-2-17）。

＜預金利息に対応する課税仕入れとは？＞

　本事例のケースですが、確かに預金利息に直接対応する課税仕入れはありません。だからといって、販売管理費をすべて課税売上対応分に区分することにもなりません。預金利息は企業の営業活動の結果、発生するものです。したがって、販売管理費は、製品売上高

だけでなく、預金利息にも多少なりとも関係していますので、売上高と紐付きの関係にない一般管理費は、原則として共通対応分に区分することになるのです。

＜課税売上割合が100％の場合＞

　銀行預金をすべて当座預金に切り替えた場合、課税期間中の受取利息はゼロになりますので、結果として課税売上割合は100％となります。この場合でも、一般管理費は原則として共通対応分に区分することになりますのでご注意ください。課税仕入れの用途区分については、課税仕入れの時点で判断するのが原則です（消基通11-2-20）。つまり、同一の課税期間中に目的となる売上げが発生したかどうかは関係ないのです。

　したがって、課税売上割合が100％の課税期間において投資目的の有価証券を購入し、証券会社に手数料を支払った場合には、この手数料は将来発生する有価証券の売却収入と紐付きになることから非課税売上対応分に区分することになります。結果、個別対応方式では仕入税額控除はできません。ただし、一括比例配分方式を適用した場合には、課税売上割合が100％であることから、非課税売上対応分となる手数料も含め、仕入税額の全額を控除することができます。

　B社は当期中に遊休地を売却処分したことにより、課税売上割合が50％程度にまで減少しました。ただし、土地の売却は偶発的なものであり、例年であれば95％ルールの適用により仕入税額の全額を控除していることから、個別対応方式の適用にあたり、販売管理費はすべて課税売上対応分に区分することとしています。

　なお、B社の例年における課税売上高は３億円程度、収入は、商品売上高の他に若干の預金利子があるものの、課税売上割合は常に99％以上で推移しています。

＜95％ルールとの関係＞

　仕入控除税額の計算は、個別対応方式によるあん分計算が本来あるべき姿です。95％ルールは、いわば事務処理の簡便化のために設けられた特例的な計算手法なのだと認識する必要があります。

　したがって、例年における課税売上割合が95％以上であるからといって、販売管理費がすべて課税売上対応分になるわけではありません。理由が何であれ、個別対応方式を適用する限りは、課税（非課税）売上げと紐付きの関係にない課税仕入れはすべて共通対応分に区分した上で、課税売上割合を乗じた金額だけが仕入税額控除の対象となるのです。

　ただ、突発的な土地の譲渡により共通対応仕入税額の控除が大幅に制限されるのは不条理であることから、税務署長の承認を要件に、課税売上割合に準ずる割合の活用が認められています（消法30③）。

＜適用要件と承認申請手続＞

　突発的に土地を譲渡した場合には、税務署長の承認を受けることにより、次の①と②のいずれか低い割合により、共通対応分の仕入控除税額を計算することが認められています。

　①前期以前3年間の通算課税売上割合

　②前期の課税売上割合

　したがって、例年における課税売上割合が95％以上の場合には、ほぼ100％に近い割合により、共通対応分の仕入控除税額を計算できることになります。

ただし、この方法により計算しようとする場合には、次の①～③のすべてに該当することが要件とされています。

①土地の譲渡が単発のものであること

②土地の譲渡がなかったとした場合に営業の実態に変動がないと認められること

③前期、前々期、前々の前期における課税売上割合の差が５％以内であること

なお、「消費税課税売上割合に準ずる割合の適用承認申請書」は、土地の譲渡があった課税期間中に提出し、承認を受けなければなりません。申告期限までの申請ではありませんのでご注意ください。

申請書は２通提出し、承認後に１通が返却されます。各種届出書とは異なり、期限までに提出しておけばよいというものではありません。余裕をもって提出するように心がけましょう。

＜株券の譲渡にも適用できるか？＞

国税庁の「仕入控除税額に関するＱ＆Ａ」【基本的な考え方編】の（問31）では、たまたま土地の譲渡があった場合の課税売上割合に準ずる割合の承認申請は、便宜的にこれを認めることとしたものであると解説されています。有価証券の譲渡については、そもそもの計算で譲渡対価に５％を乗ずることからも、土地の譲渡の場合のような特例計算（承認申請）は認めないことがＱ＆Ａに明記されていますのでご注意ください。

74　被災地に寄附する商品の用途区分

　食料品の販売業を営むC社は、自社の取扱商品と他社から購入した防災用品を段ボール箱に詰め合わせ、被災地に寄附をしました。

　会計処理については、寄附した商品の仕入高を商品仕入高勘定から寄附金勘定に振り替え、防災用品の購入費と運送業者に支払った運送費についても寄附金勘定で処理をしています。

　これらの費用は、金銭による寄附ではないことから課税仕入れに該当し、売上げとの対応関係がないことから、共通対応分に区分した上で、個別対応方式により仕入控除税額を計算することとしています。

＜寄附した資産の取扱い＞

　個別対応方式を適用する場合における用途区分の判定は、原則として課税仕入れを行った日の状況によることとされています（消基通11-2-20）。つまり、課税仕入れを行った課税期間において、その課税仕入れの目的となった売上げが発生する必要はないということです。

　また、課税仕入れに該当するかどうかの判断では、その課税仕入れの目的や資金の調達方法は関係がありません。したがって、金銭による寄附は課税仕入れに該当しないものの、贈与するための資産

の取得は課税仕入れに該当し、仕入控除税額の計算に取り込まれることになります。

課税対象外収入である保険金で取得した資産についても、その資金の調達方法に関係なく、課税仕入れとして処理することができます。保険金収入が無税だからといって、その保険金で取得した資産の仕入税額控除が制限されることにはなりません。

なお、贈与する目的で取得した資産につき、個別対応方式を適用する場合の用途については、その資産の取得費は原則として共通対応分に区分することとされています（消基通11-2-10・11-2-17）。

Ｃ社のケースですが、被災地に寄附した自社商品については、あくまでも販売目的で仕入（取得）したものなので、結果的に寄附してしまったとしても、その仕入れは課税売上対応分に区分することができます。

　これに対し、当初から寄附する目的で取得した防災用品について
は、売上高との対応関係がありませんので共通対応分に区分するこ
とになります。また、被災地までの運送費用についても同様に、売
上高との対応関係がないことから共通対応分に区分することになり
ますのでご注意ください（災害に関する法人税、消費税及び源泉所
得税の取扱いＦＡＱ【Q31】）。

　Ｃ社が支出する商品の運送費は、基本的に商品売上高と紐付きに
なることから課税売上対応分に区分することができます。ただし、
いかなる場合でも商品の運送費が課税売上対応分に区分できるわけ
ではありません。本事例のように、その目的が寄附ということであ
れば、たとえ商品の運送費であっても共通対応分に区分することに
なるのです。

＜試供品、試作品の取扱い＞

　新製品の販売促進などを目的として配布される試供品、試作品等
の購入費は、課税売上対応分に区分することができます（消基通
11-2-14）。試供品などを無償で配布する行為は、新製品の販売促
進を目的としたものであり、寄附とは本質的に異なるものです。

　そこで、その試供品等の購入費は、将来発生が予想される新製品
の売上高と紐付きになるものであることから、これを課税売上対応
分に区分することを認めるということです。

75　医薬品の用途区分

　ドラッグストアを経営するＤ社では、市販薬や健康食品の販売の傍ら調剤薬局としての窓口を設け、処方箋に基づく医薬品の販売（給付）を行っています。

　処方箋に基づく医薬品の売上高は保険診療報酬として非課税になることから、課税売上割合は毎期80％程度で推移しています。

　Ｄ社では、個別対応方式の適用にあたり、市販薬や健康食品などの仕入れは課税売上対応分に区分する一方で、調剤薬局で販売するための医薬品の仕入れは保険診療報酬に対応するものとして非課税売上対応分に区分しています。医薬品の用途区分は果たしてこの考え方でよいのでしょうか…？

＜医療における非課税の範囲＞

　保険医療については、現在、１割ないし３割を患者が自己負担することとなっていますが、保険診療行為に基づく報酬は、患者の自己負担金も含め、非課税とされています。したがって、個人開業医や医療法人が課税売上割合を計算するときは、患者さんの窓口負担金と翌月以降に社会保険庁などから振り込まれる報酬の合計額を非課税売上高として処理することになります。

　ただし、診療報酬であっても、美容整形などのいわゆる自由診療

報酬は非課税とはならず、消費税が課税されます。また、医薬品の
売買やレントゲンのような医療器具の売買も非課税とはなりません。

　したがって、Ｄ社が医薬品メーカー（問屋）から購入する医薬品
は、市販薬か保険診療用かに関係なく、課税仕入れに該当すること
になります。

＜医薬品の用途区分＞

　市販薬の販売は保険診療に基づくものではないので課税取引とな
ります。したがって、個別対応方式の適用上、市販薬の仕入高は課
税売上対応分に区分することができます。

　次に処方箋による医薬品の販売ですが、これは市販薬の販売とは
異なり、あくまでも診療行為の一環として薬を給付するものです。

　本来は診療所の窓口で薬袋に入れて患者さんに渡すべきものを、

調剤薬局を設け、窓口を分散させて給付することにより、業務の効率化を図っているということです。

　こういった理由から、保険診療としての調剤薬局での薬の販売（給付）は非課税となるのです。

　ただし、調剤薬局での薬の販売がすべて保険診療に基づくものとは限りませんので注意が必要です。

　調剤薬局で薬を給付する場合でも、例えば保険証を持参しない患者さんであれば、その行為は自由診療に基づくものとして課税取引となります。

　また、同業者同士で足りない薬を融通しあう行為も、保険診療に基づくものではありませんので消費税が課税されます。こういった理由から、調剤薬局で販売するための薬の仕入高は、共通対応分に区分することになるのです。

　課税仕入れの用途区分は、その課税仕入れを行った日の状況により判断することとされています（消基通11-2-20）。したがって、調剤薬局で販売する薬の大半が保険診療に基づくものであったとしても、それが未来永劫100％保険診療行為のために使用するものでない限り、非課税売上対応分に区分する必要はありません。

　なお、インフルエンザの予防接種などは保険診療の対象とはなりませんので課税取引に該当します。したがって、医者がインフルエンザのワクチンを仕入れた場合には、その仕入高は課税売上対応分に区分することができます。

76 株式の売買に伴う手数料

　E社では余裕資金の運用を目的として株式の売買を行っています。証券会社に支払う売買委託手数料のうち、株券の売却時に支払う手数料は、非課税となる有価証券の売却収入に紐付きになるものとして非課税売上対応分に区分しています。ただし、株券の購入時に支払う手数料は、有価証券の売却収入だけでなく、株券の保有時に収受する配当金収入にも関係することから、非課税売上高（有価証券売却収入）と課税対象外収入（配当金収入）に対応するものとして共通対応分に区分しています。

　また、投資顧問会社に支払う顧問料は、税理士の顧問料と共に共通対応分に区分しているとのことですが…

＜株券の売買委託手数料の取扱い＞

　有価証券の譲渡は非課税となりますが、株券の売買委託手数料は、証券会社が行う役務提供の対価として課税仕入れに該当します。この売買委託手数料の用途区分ですが、譲渡時の手数料はもちろんのこと、購入時の手数料も非課税売上対応分に区分することとされています。投資目的で株券を購入する場合、購入時に支払う手数料は、将来発生する株券の売却収入に紐付きになるものと考え、非課税売上対応分に区分するということです。

　課税仕入れの用途区分をする際の要素として「課税仕入れの目的」があります。株券の取得は配当金の収受を目的としたものではありません。したがって、共通対応分に区分することはできないことになるのです。

＜会計処理との関係＞

　株券の購入時に支払う委託手数料は、株券の購入対価と共に有価証券の取得価額に算入することとされています。ただし、消費税の課税区分を判定する際は、会計処理や勘定科目は関係ありません。たとえ有価証券の取得価額に算入するとしても、売買委託手数料は課税仕入れとして処理することとなりますのでご注意ください。

　また、株券を売却する際に支払う手数料ですが、これを有価証券売却益からマイナス（相殺）した場合であっても、その売却手数料

は課税仕入れに該当することになります。したがって、仕訳の入力時には、複合仕訳1本で処理するのではなく、下記のように売却手数料をいったん計上した上で、売却益と相殺することをお勧めします。

　・株券の売却に関する仕訳

　　（借方）現 金 預 金　××　（貸方）有　価　証　券　××

　　　　　　売却手数料　××　　　　　　有価証券売却益　××

　・委託手数料の支払いに関する仕訳

　　（借方）有価証券売却益　××　（貸方）売却手数料　××

＜投資顧問料の取扱い＞

　株式の運用に際し、投資顧問会社にアドバイスを依頼したことにより支払う投資顧問料は、高値で株券を売り抜けるためのアドバイス料です。したがって、その性質は税理士の顧問料とは本質的に異なるものであり、非課税売上対応分に区分することになります。

＜個人事業者の株券の譲渡＞

　個人事業者が副業として株式の運用をしている場合には、その株券は家事用資産として取り扱うこととされています。したがって、年間の売買回数に関係なく、その譲渡対価は課税売上割合の計算に関係させる必要はありません。また、当然のことながら、売買委託手数料も課税仕入れには該当しないことになります。

小規模事業者編

　還付申告や法人成りを計画している個人事業者さんの悩みや相談などをアラカルト形式で集めてみました。

77　課税事業者の選択と還付請求

　不動産賃貸業を営むＡさんは新たに貸店舗を建築することを計画しています。貸店舗の完成は年末の予定ですが、この建物の建築費について消費税の還付が受けられるとの噂を聞き、何やら色めき立っています。詳しい話を聞くために、さっそく近所の税理士事務所に相談に行きました。

税理士　消費税の還付を受けるためには「課税事業者選択届出書」を前年中に提出しておく必要があります。建物の完成は年末とのことですが、届出書の提出はお済みですか？

Ａさん　（慌てながら）私が還付の話を聞いたのはつい最近のことです。届出書の提出が必要なんてことはまったく知りませんでした！

税理士　新規の開業であれば届出書を提出した年から課税事業者になれるのですが…。

Ａさん　（泣きそうな顔で）じゃあ私の場合には結局還付はダメということですか？

税理士　（笑いながら）建物の完成が年末ということですので、少々手間はかかりますが課税期間を短縮することにより届出書の提出を間に合わせることができます。

　　還付は受けられますから安心してください。

＜届出書の提出期限＞

　「課税事業者選択届出書」は事前提出が原則とされていますが、新規に開業した場合などは、届出書の提出日の属する課税期間から課税事業者となることができます（消令20①一）。

　消費税では、事業の規模に関係なく、反復、継続、独立して行われるものは課税の対象となります。したがって、貸駐車場１台でも賃貸している場合には新規開業には該当せず、「課税事業者選択届出書」は事前の提出が必要となりますので注意が必要です。

＜課税期間の短縮制度＞

消費税の課税期間は、個人事業者は暦年、法人は事業年度と定められています。ただし、「課税期間特例選択・変更届出書」を提出することにより、原則１年間と定められている課税期間を３カ月または１カ月に短縮することが認められています。

また、課税期間を短縮してから２年を経過すれば、３カ月（１カ月）の課税期間を１カ月（３カ月）に変更することもできます（消法19）。

例えば、個人事業者が課税期間を３カ月に短縮した場合には、１月１日〜３月31日、４月１日〜６月30日、７月１日〜９月30日、10月１日〜12月31日の３カ月毎の期間が課税期間となり、それぞれの課税期間分について、２カ月以内に申告と納付が義務付けられます。

ただし、大晦日を含む課税期間（10月１日〜12月31日）分だけは、所得税の確定申告期限が３月15日であることを考慮して、申告期限を１カ月延長し、３月31日までとしています（措法86の４①）。

＜期間短縮制度の活用方法＞

輸出業者は国内での課税仕入高について、確定申告により消費税の還付を受けることができます。こういった理由から、輸出業者は課税期間を短縮して早期に消費税の還付を受けることが多いようです。また、資金管理のために課税期間を短縮して中間申告を省略し、税額を確定させるケースもあるようです。

「課税期間特例選択・変更届出書」を提出した場合には、原則として届出書を提出した次のサイクルから短縮の効力が生ずることとなりますので、Ｂさんの場合、今年の９月30日までに届出書を提出

することにより、10月1日から3カ月サイクルの課税期間に切り換えることができます。結果、前年中に「課税事業者選択届出書」を提出できなかった場合でも、課税期間を9月30日で切断し、同日までに「課税事業者選択届出書」を提出すれば、年の中途から課税事業者となって、消費税の還付を受けることができるのです。

78　平成22年度改正と税額調整

　前回の相談で、建物の建築費について消費税の還付が受けられることを確認したAさんは、知り合いから妙な話を聞きました。話の内容とは、「平成22年度の改正で、課税事業者を選択すると3年間は免税事業者に戻ることはできないことになった。さらに、3年目の申告で当初の還付金が取り戻し課税される」というものです。

　税理士さんからは2年間は店舗家賃と駐車場収入の10％程度が納税になるということは聞かされていましたが、当初の還付金が取り戻し課税されると聞いてビックリ仰天です！

＜平成22年度消費税改正＞

　平成22年度改正により、課税事業者を選択して固定資産を取得した場合には、3年間は原則課税による申告が義務付けられることとなりました。これは、作為的に課税売上割合を95％以上にし、居住用賃貸物件の建築費について消費税の還付を受けようとする怪しいスキームを防止するために考案されたものです。

　居住用賃貸物件を取得した場合には、家賃収入は非課税となりますので、物件取得後の課税売上割合は急激に減少することになります。このように、短期間の間に極端に課税売上割合が減少した場合には、3年目の申告で、当初の仕入控除税額の調整が義務付けられ

ています。この「課税売上割合の変動による税額調整」の規定を適用させることにより、当初の還付税額を取り戻し課税することを目的として、3年間の原則課税による申告を義務付けたというのが、平成22年度改正の真相です（消法9⑦、37②一）。

㊟　令和2年度改正により、居住用賃貸建物についてはそもそも仕入税額控除が認められないこととなりました（消法30⑩）。

＜課税売上割合の変動による税額調整とは？＞

　消費税には期間損益計算の概念がありません。したがって、固定資産を取得した場合には、耐用年数に関係なく、取得時に仕入控除税額の計算に取り込むことになります。しかし、固定資産のように長期にわたって使用するものについて、取得時の状態や用途だけで税額控除を完結させることには問題があります。そこで、3年間の

間に課税売上割合が著しく変動した場合には、当初の仕入控除税額を後から調整することとしたのです(消法33)。実際には、「変動率」や「変動差」の判定、その他税額調整のための要件があるのですが、紙面の都合上、詳しい説明は省略していきますのでご容赦ください。

＜課税業務用は適用除外＞

課税売上割合が95％未満の場合には、個別対応方式か一括比例配分方式により仕入控除税額を計算することとされています。個別対応方式とは、課税仕入れ等の税額を、①課税業務用、②非課税業務用、③共通用に３区分し、「①＋（③×課税売上割合）」の算式により計算する方法です。

一括比例配分方式とは、課税仕入れ等の税額の合計額に、まとめて課税売上割合を乗ずる方法です。

Ａさんのケースでは、個別対応方式を適用することにより、貸店舗の建築費は①の課税業務用に区分され、その全額が控除対象となります。このような場合には、そもそもの計算に課税売上割合が関係していないわけですから、その後、課税売上割合がどんなに変動しようとも、税額調整をする必要はありません。

また、長期にわたって物件を保有していることが税額調整の要件とされていますので、売却や除却により、３年目の末日に物件を保有していない場合にも税額調整は不要となります。

79 会計処理①

　賃貸物件の建築費について消費税の還付申告を計画しているＢさんは、消費税に関する会計処理には税込経理と税抜経理があることを知りました。調べたところ、それぞれに一長一短があるようで、どちらを採用するか迷っているところです。

　税込経理を採用した場合には、会計処理に手間がかからない反面、還付金に対して所得税と住民税が課税されることになります。税抜経理を採用した場合には、還付金に対して所得税等は課されない反面、税込経理に比べて会計処理が面倒になるとのことです。はてさて、どうしたものでしょう…。

＜税込経理と税抜経理＞

　税込経理とは、課税売上高と課税仕入高を消費税込みの金額で記帳する方法で、処理に手間がかからないことから、簡易課税適用事業者などの中小事業者が採用することが多いようです。

　なお、簡易課税適用事業者であっても、税抜経理を採用することについては何ら問題ありませんので、この点は誤解のないようにしてください。

　税抜経理とは、課税売上高については本体価格と消費税等に区分し、消費税等については仮受消費税等として別建で記帳する方法で

す。課税仕入高についても本体価格と消費税等に区分し、消費税等については仮払消費税等として別建で記帳します。

　ある程度の売上規模を有する法人は、実務上、この税抜経理を採用することが多いようです。また、会計監査が義務付けられている法人などは、監査法人の指導により、事実上税抜経理が強制されることになります。

<還付消費税等の取扱い>

　税込経理を採用した場合には、原則として、還付申告書を提出し、還付金が指定口座に振り込まれた時点で、これを収入として処理することになります。ただし、還付申告となる年または事業年度において、次の仕訳により前倒しで収入計上することも認められていま

す（消費税法等の施行に伴う所得税の取扱いについて八）。

（借方）未収入金　××　　　　（貸方）雑収入　××

　Bさんのように、賃貸物件の建築費について還付を受ける場合には、その還付金は不動産所得の金額の計算上、総収入金額に算入しなければなりません。結果、還付金収入には所得税と住民税が課税されることになります。

　次に税抜経理を採用した場合ですが、税抜経理の場合には、仮受消費税等と仮払消費税等を次の仕訳により精算し、還付消費税等を未収入金として計上します。

（借方）仮受消費税等　××　　（貸方）仮払消費税等　××
　　　　未 収 入 金　××

　貸借の差額は雑損失または雑収入勘定で調整し、貸借の天秤をあわせます。したがって、還付消費税に対する所得税や住民税の負担を考慮した場合には、税抜経理を採用したほうが有利ということになります。

　個人の不動産賃貸業者であれば、税抜経理といってもさほど手間がかかるわけではありません。メモ書き程度で十分に対処できるわけですから、積極的に税抜経理を採用するべきです。また、会計処理と所得税の申告書様式との間に相関関係はありませんので、白色申告の事業者でも税抜経理を採用することは可能です。

　実務上は、税込経理を採用した個人事業者が、翌年の不動産所得

の申告で、還付消費税等を総収入金額に計上しないまま所得税の申告書を作成し、後に修正申告を指導されるというトラブルが多いようです。トラブル防止の意味も含め、設備投資などがある年においては、積極的に税抜経理の活用をお勧めします。

80 会計処理②

前回（79　会計処理①）の続きです。

　消費税の還付申告を計画しているＢさんは、会計処理の選択による税務上の有利不利について考えています。還付金収入に対する課税の有無を考慮すると、確かに税抜経理が有利なように思えます。

　でも、減価償却費は当然のことながら税込経理のほうが多くなりますので、一概に税抜経理が有利になるとも思えません。

　また、還付申告となった年の翌年と翌々年は本則課税による申告義務があるわけですが、納付すべき消費税額等は、税込経理の場合、税額が確定した年と申告期限である翌年のどちらの年の必要経費に算入してもよいこととされています。

　いったんは税抜経理を採用することに決めていたＢさんですが、ここにきて、税込経理にも未練が残っているようです。はてさてどうしたものでしょう…。

＜会計処理と減価償却費の関係＞

　税込経理を採用した場合には、固定資産の取得価額も税込金額で計上しますので、税抜経理に比べ、当然のことながら、減価償却費も多くなります。税抜経理の場合には、固定資産に課された消費税等を仮払消費税等として分離し、決算修正でこれを消却していきま

すので、結果として固定資産に課された消費税等を即時に必要経費として処理できることになります。

固定資産の耐用年数を通じてみた場合には、会計処理が違っても所得金額の合計は結果的に同額となります。ただし、消費税等をスプリントに必要経費に算入できるという意味においては、税抜経理のほうが有利になるということです。

＜納付税額の計上時期＞

納付消費税額等は、税込経理を採用した場合には、申告期限である翌年の必要経費に計上するのが原則です。ただし、税額が確定した年において、次の仕訳により未払費用として計上することもできます（消費税法等の施行に伴う所得税の取扱いについて七）。

（借方）租税公課　××　　（貸方）未払消費税等　××

　税抜経理の場合には、仮払消費税等と仮受消費税等を次の仕訳により清算するだけなので、このような利益調整はできません。つまり、税込経理の場合には、所得金額と税負担額の調整のために、計上時期を選択することができるということです。

（借方）仮受消費税等　××　　（貸方）仮払消費税等　××

　　　　　　　　　　　　　　　　　　未払消費税等　××

(注)　貸借の差額は雑損失または雑収入勘定で調整し、貸借の天秤をあわせます。

＜資産に係る控除対象外消費税額等の取扱い＞

　居住用賃貸物件の取得費は仕入税額控除ができませんので税抜経理を採用した場合には、控除対象外消費税額等の処理に注意する必要があります。

　控除対象外消費税額等とは、税抜経理を採用した場合において、控除できずに残ってしまった仮払消費税等のことをいいます。貸店舗などの商業用物件を新築した場合には、個別対応方式を適用することにより仮払消費税等は全額が仕入税額控除の対象となります。

　これに対し、一括比例配分方式を適用した場合には、「1－課税売上割合」部分が控除対象外消費税額等として残留することになります。

　この控除対象外消費税額等については、課税売上割合が80％未満で、かつ、一つの固定資産につき発生した金額が20万円以上の場合には、発生時の費用とすることはできません。資産の取得価額に加

算して減価償却するか、繰延消費税額等として資産計上し、5年間で均等償却するか、いずれかの方法により処理することとされていますのでご注意ください（所令182の2）。

<交際費に係る控除対象外消費税額等の取扱い＞

交際費等に係る控除対象外消費税額等は、法人税法上支出交際費等に加算することとされています（消費税法等の施行に伴う法人税の取扱いについて12）。

したがって、課税売上高が5億円を超える規模の事業者は、95％ルールの改正を受け、今後は基本的に交際費等に係る控除対象外消費税額等が発生することとなりますので注意が必要です。

控除対象外消費税額等については「69　控除対象外消費税額等」（230～232ページ）で詳しく解説していますのでご参照ください。

81 法人成り

　個人で雑貨商を営むＣさんは、節税対策として法人の設立を計画しています。そこで、近所の税理士事務所に法人成りのメリットや注意点について相談することにしました。

Ｃさん　法人を設立すると２年間は消費税を納めなくていいと聞いたのですが本当ですか？

税理士　新設した法人の資本金が1000万円未満の場合には、設立事業年度とその翌事業年度は基準期間がありませんので納税義務はありません。

Ｃさん　でも、法人を設立するといっても社長は私がなりますし、○○商店が㈱○○商店になるだけで実態は何も変わりません。本当に免税事業者になれるんですか？

税理士　設立事業年度が７ヶ月以下の法人を設立すれば、設立事業年度とその翌事業年度は納税義務が免除されます。ただし、設立事業年度が７ヶ月を超える法人を設立した場合には、平成23年度改正により、第１期の上半期の課税売上高で第２期の納税義務を判定しなければなりません。

Ｃさん　私は簡易課税で毎年の申告をしているのですが、簡易課税といっても年間に40～50万円位は納税しています。これをしばらくの間払わなくていいということになると、それだけでも法人成りのメリットは十分にありそうですね。

税理士　勘違いしてほしくないのですが、法人成りをしたからといって極端に税金が安くなるわけではありません。個人経営から法人経営にシフトした場合には、今まで個人の所得だったものが法人の所得に切り替わることになります。

　そして、法人から受け取る役員報酬が所得税の課税対象となり、残った法人の利益に対し、法人税が課税されます。

　役員報酬については源泉税（所得税）が課税されますから、法人税が減るからといってやみくもに役員報酬を高額に設定すると、源泉税の負担が大きくなってしまいます。また、最悪の場合、過大役員報酬と認定されるようなことにもなりかねません。

　源泉税と法人税の負担のバランスを考えながら、適正な役員報酬の額を設定することが重要です。

　また、役員報酬は期中に増額することはもちろんのこと、減額

することも原則として認められませんのでご注意ください。

<＜法人成りのメリット＞

所得税の税率は超過累進税率となっていますので、所得が増えれば負担する所得税も連動して増えていきます。一方、法人税の税率は基本的に一定ですので、法人成りによって個人に課されるべき所得税を法人税に移行させ、税負担を軽減させることができるのです。

また、役員報酬については概算経費としての給与所得控除がありますので、法人から収受する役員報酬にまるまる所得税が課税されるわけではありません。

所得税と法人税以外にもメリットはあります。個人の事業所得には事業主控除額の290万円を控除した金額に5％の事業税が課税されますが、法人成りをすると役員報酬の部分だけは法人所得から除外され、事業税が課税されません。

さらにはＣさんも期待しているように、資本金1,000万円未満で法人を設立した場合には、設立事業年度とその翌事業年度における消費税の納税義務が免除されることとなるのです。

＜事業用資産の売却に注意する＞

課税事業者である個人事業者が法人成りをする場合において、事業用資産を法人に引き継がせる場合には注意が必要です。

法人成りの場合、実務上は、個人から法人へ帳簿価額で資産を売却することになると思われますが、たとえ帳簿価額で売却する場合であってもその売却収入は個人事業者の課税売上高となります。帳

簿価額で売却処理をした場合、所得税が課税されないこともあって
か、消費税の申告で売上高の計上漏れが多いようですのでご注意く
ださい。

82 納税義務判定の改正①

　前回（81　法人成り）の続きです。法人成りを計画しているＣさんは、税理士さんが言っていた平成23年度改正のことが妙に気になっています。そこで、改正の内容についてもう少し詳しく説明してもらうことにしました。

税理士　平成23年度改正で、直前期の上半期（特定期間）における課税売上高が1,000万円を超える場合には、基準期間の課税売上高が1,000万円以下であっても納税義務が免除されないこととなりました。

　例えば、個人事業者の場合であれば、前々年（基準期間）の課税売上高が1,000万円以下であっても、前年の１月１日から６月30日までの課税売上高が1,0000万円を超える場合には、１年前倒しで納税義務者に取り込むということです。

Ｃさん　法人を設立しても、「免税事業者になれるのは第１期だけ」ということですか？

税理士　特定期間中の課税売上高が1,000万円以下であれば、設立第２期も免税事業者になることができます。

　ただし、免税事業者は仕入税額控除もできませんので、設備投資などの予定がある場合には注意してください。

Ｃさん　第１期が６カ月しかない場合はどうやって判定するんですか？　上半期の３カ月間の売上高で判定するんでしょうか。

税理士 直前期が７カ月以下の場合には原則として適用除外とされています。したがって、今後法人の設立を計画する場合には、第１期の月数を７カ月以下にしておけば、今までと何ら変わらないということです。

ポイント

資本金が1,000万円未満の新設の法人は、基準期間がない設立事業年度とその翌事業年度については、どんなに売上高が多額であっても納税義務が免除されていました。

また、日本の消費税は、仕入控除税額の計算は帳簿方式によっており、欧州のようにインボイス方式を採用してきませんでした。したがって、課税仕入れの相手先が課税事業者か否かの判断ができないという構造上の問題（欠陥）がありましたので、この問題点を解消すべく、現行法では、免税事業者に支払った外注費などについても、一定の割り切りのもと、仕入税額控除を認めることとしてきた

のです。

　この制度を利用して、新設した法人に払った外注費を仕入控除税額の計算に取り込み、節税を図るというようなことが、実務上半ば公然と行われてきたという経緯があります。こういった背景もあり、新設された法人の納税義務免除と仕入税額控除の問題を解決すべく、特定期間中の課税売上高により1年前倒しで納税義務を判定することにしたものと思われます。

　紙面の都合上、詳しい解説は省略しますが、本改正については、決算期を変更した場合や上半期の6カ月目が月末でない場合など、実務上想定される問題点については施行令で個別に手当てしているのが現状です。

　また、設立事業年度の月数を7カ月以下にしておけば2期目も免税事業者になれることや、依然として設立事業年度は免税事業者のままであることを考えると、筆者にはどうにも中途半端な改正のように思えてなりません。

＜適格請求書等保存方式＞

　令和5年10月1日以降は、事業者の登録番号や消費税額などを記載した「適格請求書等」の保存が仕入税額控除の要件となります（消法30⑦～⑨）。「適格請求書等」は課税事業者でなければ発行することはできません。よって、新設の法人を利用した節税スキームは、本改正により利用できなくなりました。

83 納税義務判定の改正②

　前回、納税義務判定の改正について税理士さんから説明を受けた
Cさんは、もうひとつ気になっていることがあります。

　Cさんは、帳簿を記帳する際、期中の現金預金の入出金は記帳す
るものの、売掛金や買掛金の計上はしてきませんでした。期中はい
わゆる現金主義で帳簿を作成し、決算で年初と年末時点の売掛金と
買掛金を集計し、次のような修正仕訳を計上して期中現金主義から
発生主義に切り替えて損益計算書を作成しています。

（借方）売掛金　××　　　（貸方）売　上　××

　※年末売掛金残高（期中未計上の売上高）を追加計上する。

（借方）売　上　××　　　（貸方）売掛金　××

　※年初売掛金残高（前年に計上済で期中に回収した売掛金）を売上高から
　　減額する。

　法人を設立して第2期の納税義務を改正法により判定する場合に
は、設立事業年度の上半期で上記のような仮決算を組まなければ売
上高が把握できません。Cさんは、またもや税理士さんに質問する
ことにしました。

税理士　実は、売上高に代えて給与の額で判定してもよいことに

なっています。

Cさん　何で唐突に給与なんですか？

税理士　詳しい事情は私もよくわからないのですが、おそらくは、
政府税制調査会の会議でも同じような質問がでたと思うんです。

　　どんなに小規模な事業者でも、払った給与がわからないなんて
いう（いい加減な）ところはないはずです。直前期の上半期にお
ける給与が1,000万円を超えている場合には、「課税売上高も（多
分）1,000万円を超えているだろう」という単純な？発想ではな
いかと私は考えています。

Cさん　給与で判定できるのは売上高が集計できない場合だけなの
でしょうか？あるいは、給与が1,000万円を超える場合には、売
上高が1,000万円以下でも納税義務者に取り込まれてしまうので
しょうか？

税理士　給与による判定については特に制約はないみたいです。改

正法では「…給与で判定することができる。」と規定しているだけですので、ウラ読みすれば給与で判定しなくてもいいということになります。結果、給与が1,000万円を超えていても売上高が1,000万円以下であれば免税事業者になれます。また、売上高が1,000万円を超えていても給与が1,000万円以下であれば免税事業者です。

　つまり、売上高と給与のどちらもが1,000万円を超える場合、あるいは売上高の算定が困難な場合で、給与の額が1,000万円を超える場合に限り、課税事業者に取り込まれるということです。

ポイント

　税理士さんのおっしゃるように、給与による判定は発生主義による売上高の把握が困難な事業者に配慮して設けられたものだと思われます。「給与」とは、所得税法に規定する給与を指しますので、従業員に支払う給料や賞与だけでなく、役員報酬も含まれます。

　また、実際に支払った給与等の金額で判定することとされていますので、未払給与は判定に含める必要はありません（消基通1-5-23(注)）。

　例えば、個人事業者が改正法による納税義務を判定する際に、前年6月分の給与を7月5日に支払った場合には、この7月に支払った6月分の給与は判定に含める必要はありません。売上高とは異なり、給与による判定は支払基準となることに注意してください。

84　会計検査院

　法人成りを計画しているＣさんは、「週刊　税のしるべ」のバックナンバーを眺めていて気になる記事をみつけました。

　記事の内容とは、「会計検査院が、新設法人の納税義務を免除する現行消費税法の取扱いについてクレームをつけた？」というものです。先日税理士さんに確認したところによると、平成23年度改正により、直前期の上半期における課税売上高と支払給与のいずれもが1,000万円を超える場合には、基準期間のない新設法人でも、１年前倒しで設立第２期から納税義務者に取り込まれるとのことです。

　ただし、この改正をもってしても、新設法人の設立事業年度の納税義務は免除されたままとなりますので、その効果は非常に中途半端になっていることもまた事実です。

　今回の会計検査院の指摘は、タイミングの良し悪しは別にして、平成23年度改正の不備につき、間髪を入れずに是正を勧告したということです。

　「せっかく苦労して法人成りをしても、改正で課税事業者にされたんじゃ意味がないじゃないか…」。Ｃさんは会社の設立を躊躇しています。

＜会計検査院の指摘事項＞

　税のしるべの記事によると、平成23年10月17日、会計検査院は財務省に対し、消費税の事業者免税点制度のあり方について再検討を求める旨の報告を行いました。

　同院は、平成18年中に資本金1,000万円未満で設立された新設の法人などを対象に抽出検査を実施した結果、次のような問題点を指摘しています。

　①　新設の法人であっても設立事業年度からかなりの売上高を有する法人が相当数ある。

　②　個人事業者が法人成りをし、かなりの売上高を有しているのに、設立第1期と第2期が免税事業者となるケースが相当数ある。

③　資本金1,000万円未満で法人を設立し、設立第2期になって増資をする法人がある。

④　免税期間を経過した設立第3期以降に解散してしまう法人がある。

上記のうち、①および②のケースは新設された法人の基準期間がないことを利用した典型的な節税スキームであり、Cさんのケースはまさに②に該当することになります。

ところで、株式会社については平成18年の会社法施行までは最低資本金制度があり、資本金が1,000万円以上でなければ株式会社を設立することができませんでした。これに連動するような形で消費税についても平成6年度改正があり、資本金1,000万円以上の新設法人は、基準期間がない設立事業年度とその翌事業年度の納税義務を免除しないこととされました（消法12の2）。

しかし、会社法の施行によりこの最低資本金制度が撤廃されたため、現在は、資本金1円でも株式会社が設立できるという何とも妙な時代になったのです。

あの最低資本金制度はいったい何だったのでしょう？

なお、会社法の施行により最低資本金制度はなくなったものの、消費税の新設法人の特例は今までと何ら変わっておりません。したがって、資本金1,000万円以上で法人を設立した場合には、売上規模がどんなに小さくても、設立事業年度とその翌事業年度の納税義務は免除されないこととなるのです。

資本金の額で会社の規模を判定しようとしたことに、そもそも無理があったように思います。かといって、税の転嫁を前提としている消費税について、設立事業年度から無条件に法人を納税義務者に

取り込むことにも無理があります。

　いずれにせよ、平成23年度改正のような中途半端な手当では、この問題を本質的に解決することなどできないのです。

＜特定新規設立法人の納税義務の免除の特例＞

　「社会保障の安定財源の確保等を図る税制の抜本的な改革を行うための消費税法の一部を改正する等の法律」という舌を噛みそうな名称の法律が国会で可決・成立したときに、（どさくさに紛れて？）「特定新規設立法人の納税義務の免除の特例」なるものが創設されました。この改正により、課税売上高が5億円を超える大規模事業者が属するグループが、一定要件の基、50％超の持分を有する法人を設立した場合には、その新規設立法人の資本金が1,000万円未満であっても、その新規設立法人の基準期間がない事業年度については納税義務が免除されないこととなりました。また、これらの事業年度開始日前1年以内に大規模事業者が解散した場合であっても、新規設立法人は免税事業者となることはできませんので注意が必要です（消法12の3）。

85 新設法人の納税義務

　夫婦で会社を設立したＤさんは、今年が設立２期目になりますが、消費税について、何やら奥さんと議論をしているようです。

Ｄさん　うちの会社の来期の納税義務は１期目の売上げで判定すればいいんだよな。

奥さん　１期目の課税売上高は800万円だから来期も消費税は払わなくて済むみたいね。

Ｄさん　設立事業年度（１期目）は６カ月しかないけれども800万円で判定してしまっていいのかな？

奥さん　知り合いのＭさんが数年前に脱サラして個人で商売を始めたんだけれども、納税義務を判定する際には年換算は不要だって税務署に言われたらしいのよ。

Ｄさん　（不安げな顔で）じゃあ来期もとりあえずは安心ということとか…。

　ところで、納税義務を判定する際の課税売上高だけれども、税抜きにする前の金額を使って判定すればいいのかな？

奥さん　どっちにしろ1,000万円は超えないんだから、気にしなくてもいいんじゃあないの？

Ｄさん　でも、売上高が1,000万円近辺の場合には大変なことにならないか？　例えば、課税売上高が1,030万円の場合には、そのままの金額だと1,000万円を超えて納税義務者になるけれども、

課税売上高に100／110（108）を乗じて税抜きにすると1,000万円以下となって納税義務はないことになる。なんか変な感じがするんだけれどもな…。

色々と誤解が多いようですね…。

　まず、納税義務判定に用いる基準期間ですが、これは個人事業者については前々年、法人については前々事業年度と定められています。Dさんご夫婦の会社の場合には、資本金が1,000万円未満で新設された法人のようですから、設立事業年度とその翌事業年度は、平成23年度改正法の適用がない限り、基準期間がないことから納税

義務はありません。設立3期目については、設立事業年度が基準期間となりますので、その課税売上高を年換算した金額で納税義務を判定することになります。年換算が不要なのは新規開業の個人事業者の場合だけですので注意してください（消法9②二、消基通1-4-9）。

本ケースの場合には、設立事業年度の課税売上高800万円を年換算すると1,000万円を超えてしまいます。結果、3期目からは課税事業者となることにご注意ください。

次に、基準期間中の課税売上高を税抜きにするかどうかということですが、これは、基準期間中に納税義務があったかなかったかで取扱いが異なります。

免税事業者の売上げには課されるべき消費税がありません。したがって、基準期間中に免税事業者であった場合には、たとえ10%（8％）の消費税等を上乗せした金額で代金を収受していたとしても、その消費税等の額を含めた全額を使って納税義務を判定することとされています。Dさんご夫婦の会社の場合には、基準期間中は免税事業者なわけですから、基準期間中の課税売上高の全額を用いて納税義務を判定することになります（消基通1-4-5）。

なお、新たに課税事業者となる場合には、所轄税務署長に「課税事業者届出書」を提出する必要があるとともに、簡易課税制度の適用の是非についても検討する必要があります。「簡易課税制度選択届出書」は、原則として適用を受けようとする課税期間が始まる前までに提出することとされていますので、原則課税と簡易課税でどちらが有利かということを、2期目の決算日までに検討する必要があるわけです。

86 簡易課税制度のメリットとデメリット

　Dさんは簡易課税制度を適用することによるメリットについて考えています。

　「第３種事業であればみなし仕入率は70％なわけだから、実額による控除割合が70％を超えている場合には、簡易課税を使うと不利になる。逆に実額による控除割合が70％に満たない場合であれば、簡易課税を使った方が控除税額が多くなって有利になる。要は実額による控除割合とみなし仕入率を比較してみればいいわけだ」

　Dさんは一人で妙に納得しています。

奥さん　簡易課税を適用した方が有利になるってことは、負担した金額以上の仕入税額控除ができるということだわ…これが新聞なんかに載っている「益税」というものなのね。

Dさん　簡易課税制度のもう一つのメリットとしては、なんといっても計算が簡単だということだ。

　原則課税だと実際に発生した課税仕入れを把握しなければならないのに対し、簡易課税であれば課税売上高だけを把握しておけば、みなし仕入率を使って自動的に仕入税額の計算ができるんだから楽だよな。

奥さん　デメリットとかはないのかしら？

Dさん　原則課税の場合には、設備投資などがあると売上げに対する消費税よりも仕入れに対する消費税の方が大きくなって消費税

の還付を受けることができるんだ。

　これに対し、簡易課税を適用した場合には、実際の仕入れをまるっきり無視してしまうわけだから、どんなに多額の設備投資があったとしても、絶対に消費税の還付を受けることはできないことになる。これは気をつけないといけないところだな。

奥さん　うちの会社は設備投資の予定は…もちろんないわよね（笑）。

　簡易課税による仕入控除税額は、課税売上げに対する消費税を基に計算した「基礎税額」に、業種別に定められた下記のみなし仕入率を乗じて計算します（消法37、消令57）。

第1種事業（卸売業）	90%
第2種事業（小売業）	80%
第3種事業（製造業等）	70%
第4種事業（その他の事業）	60%
第5種事業（サービス業等）	50%
第6種事業（不動産業）	40%

　簡易課税制度の適用を検討する際には、単に基準期間の課税売上高が5,000万円以下であるという理由だけで選択するのではなく、Aさんの言うように、実額による控除割合と上記のみなし仕入率を比較検討した上で、どちらが有利かを判断する必要があります。

　また、いったん簡易課税を選択した場合には、原則として2年間は原則計算に変更することはできませんので、2年先までの設備投資予定も考慮した上で、慎重に判断をしなければいけません。

　設備投資の予定があり、消費税の還付が見込めるような場合には、あえて簡易課税の選択は行わずに、原則計算により申告をした方が当然に得策なわけです。

　また、簡易課税を選択している事業者が設備投資の予定などがある場合には、その設備投資などがある課税期間が始まる前までに「簡易課税制度選択不適用届出書」を提出し、計算方法を原則に切り替えておく必要があります。この「簡易課税制度選択不適用届出書」を提出しておかないと、「実額による仕入控除税額の計算ができない＝還付が受けられない」ということになりますので、「届出書の出し忘れ」のようなうっかりミスのないように、くれぐれもご注意ください。

簡易課税編

　商店街の親父さんや大工さんなど、小規模事業者の簡易課税に関する悩みや相談などを集めてみました。

87　卸売業と小売業の区分

　地元の商店街で肉屋の親父と魚屋の親父が何やら雑談をしています。二人とも昨年の税務調査で売上げの計上漏れが指摘され、消費税の課税事業者になってしまったとのこと…。

肉屋　消費税ってのもハッキリ言っていい迷惑だよな。うちらみたいな零細商店も消費税を払わにゃいかんわけだからな。

魚屋　お上にゃ逆らえんからな。ところで、お宅も簡易課税とかいう方法で申告するんだろ？

肉屋　聞くところによると、料理店などの業者に販売した分は売上高の0.8％、店頭での販売分は売上高の1.6％を払うことになるらしい。

魚屋　ということは、業者に売った方が特になるということか。

肉屋　業者に販売する分は利幅が薄いからな。どっちが得かってのは微妙な感じだな…。

魚屋　いずれにしろ、売上高の中身をちゃんと区分しとかないといけないわけだ。お宅はちゃんと区分してるのかい？

肉屋　定期的に料理店に掛売りしている分は区分してるんだが、店頭で販売した分はハッキリ言ってわからねえな。区分してなかったらどうなるんだろう？

魚屋　（笑いながら）税務署に怒られるんじゃあねえのかい？

肉屋　怒られるだけならいいんだけれども罰金を払わされるなんて

ことになったらたまんねえよな。

魚屋　よくわからねえけど、業者に売った分だけを区分しておけば
　その分だけは税金が安くなるってことじゃあねえのかい？

肉屋　ウチの店の近所に小料理屋があるんだけれども、その小料理
　屋の女将さんがなかなか乙な女でね、「豚コマのいいとこ下さい
　な」とか言ってちょくちょく店に買い物に来るんだよ。この女将
　さんに売った分は業者に販売したわけだから安い方でいいんだよ
　な？

魚屋　女将さんが店で食材として使うのならいいけれども自分が食
　べる分だったらダメなんじゃあねえのかい？

肉屋　ということは、今度女将さんが店に来たら「女将さんその肉
　どう使うんですかい？」って優しく聞いとかにゃあいかんワケだ。

魚屋　おめえ絶対に嫌われるぜ…。

　仕入商品を販売する場合には、購入者が事業者の場合には卸売業（第一種事業）に、購入者が消費者の場合には小売業（第二種事業）に区分されます（消令57⑥）。第一種事業の仕入率は90％と定められていますので、8％の軽減税率で単純計算すると、売上高の0.8％が納税額となります。

売上高×8％－売上高×8％×90％＝売上高×0.8％（納付税額）

　第二種事業の仕入率は80％ですから、納付税額は単純計算で売上高の1.6％となるわけです。

売上高×8％－売上高×8％×80％＝売上高×1.6％（納付税額）

事業区分の方法については、例えば、売上高の中から第一種事業の売上高を抽出し、残りの売上高を第二種事業の売上高とする方法でも構いません。とにかく合理的に区分ができればいいわけです。

　注意したいのは、区分ができない場合には、その区分ができない売上高の中で、最低の仕入率を適用して申告をしなければならないということです（消令57④）。

　例えば、第一種事業と第二種事業の売上げが混在する中で、その内訳が区分できないような場合には、その売上高についてはすべて第二種事業の売上高として申告しなければならないということです。

　売上高を区分するために一生懸命で、本業が疎かになってしまっては元も子もありません。なるべく手間をかけずして、仕入率の高い売上高を区分するための工夫をすることが実務上は大切であると感じています。

88　性質、形状の変更

　前回に引き続き、簡易課税制度の話題です。今度は八百屋の親父が魚屋と肉屋に何やら話をしているようですが…。

八百屋　聞くところによると、商品に手を加えて販売した場合には税金が高くなるらしいぜ。

肉屋　「手を加える」っていったって…いったいどの程度の加工をしたらマズイことになるんだい？

魚屋　まさか仕入れた魚を三枚に下ろしたらダメってことはないだろうね？

八百屋　食料品の小売店舗の場合には、店舗内で行う一般的な加工だけは特別に見逃してくれるらしいぜ。例えば、俺が仕入れた白菜を漬物にして売る分には大丈夫ということだ。

肉屋　ということは、俺が仕入れたブロック肉を解体してバラ肉にしたりハンバーグやトンカツにして売る分には構わないわけだ。

八百屋　（指を振りながら）そこが違うらしいんだよ。聞くところによると、どうやら熱を加えた商品は別扱いになるらしいんだ。加熱した商品は第三種事業とかに区分されるんで、仕入率が70％だから税金は売上高の2.4％に増えるってハナシだぜ。

肉屋　じゃあトンカツの売上高は他の売上高とは区分した上で多めに税金を払わなきゃいけないってことなのかい？

魚屋　（笑いながら）そりゃあ大変なこってすな。

八百屋 （魚屋に向かって）あんただって呑気な顔してられねえん
　　じゃあねえのかい？　聞くところによると、鰹（カツオ）のタタ
　　キってのは煙で燻すらしいじゃねえか。
　　　煙で燻すってことは熱を加えることになるわけだから、鰹のタ
　　タキだけは割増料金になるわけだ！
魚屋　（怒りながら）じゃあ俺ンところの鰹のタタキは煙で燻さね
　　えで売ることにするわ。そうすりゃあ文句もねえだろう！
肉屋　評判が下がるから止めときな。

ポイント

　卸売業（第一種事業）と小売業（第二種事業）に区分するために
は、仕入商品の性質および形状を変更しないことが条件とされてい

ます（消令57⑥）。仕入商品を加工して販売した場合には、その売上高は製造業等（第三種事業）に区分されますので、仕入率は70%となり、8%の軽減税率で単純計算すると、売上高の2.4%が納税額となります。

売上高×8%－売上高×8%×70%＝売上高×2.4%（納付税額）

　ただし、仕入商品を刻んだりタレに漬け込むなど、食料品の小売店舗内で行われる軽微な加工は例外的に認められることになっていますので、八百屋さんが仕入れた白菜を漬物にして販売する場合や肉屋さんがブロック肉を解体してバラ肉やミンチにして販売する場合などは、その売上高は卸売業あるいは小売業に区分することができます（消基通13-2-3）。

　注意したいのは、加熱行為はここにいう「軽微な加工」には該当しないということです。したがって、肉屋さんがトンカツを生のまま販売する分にはいいのですが、トンカツを油で揚げて販売する場合には、その売上高だけは第三種事業に区分しなければなりません。

　魚屋さんが仕入れた魚を三枚に下ろしたり刺身にして販売する分には何ら問題はありません。ただし、鰹のタタキのように煙で燻してから販売するようなものについては第三種事業に区分することになるのです！

　いかがでしょう…？「簡易課税」という名称とは裏腹に、その実態は決して簡易なものではありませんよね。

　新たに簡易課税制度の適用を受けようとする小規模事業者は、その事実を肝に命じた上で実務に対処する必要があるように感じています。

89　75%ルールを活用する

　　八百屋の親父から揚げトンカツが第三種事業に区分されることを
教えられた肉屋はショックを受けています。

　　肉屋の親父は考えました。

　　「トンカツを油で揚げているのはあくまでもサービスとして行っ
ているのであって、生のトンカツも揚げトンカツも値段は均一に
なっている。なのに何で揚げトンカツだけが税金の負担が増えるん
だろう？」

　　どう考えても納得いかない肉屋は、トンカツとコロッケを手土産
に、近所の税理士さんのところに相談に行くことにしました。

税理士　親父さんの言いたいこともよく判りますが、第一種事業と
　　第二種事業に区分するためには「性質および形状を変更しないこ
　　と」が絶対条件となっているんです。

　　　「加熱行為が性質や形状を変更したことになる」ということが、
　　消費税の法令や通達に明記されていないことが私としては不満な
　　のですが、いずれにせよ、揚げトンカツの売上高は区分して記帳
　　するように心がけた方がいいでしょう。

肉屋　区分しろと言われれば区分はできますけれどもね、私として
　　は揚げトンカツの分の税金が割増になるということがどうしても
　　納得いかないんですよ。

税理士　確かに揚げトンカツの売上高は第三種事業に区分されます

ので、他の商品に比べると税負担は増えることになります。でも、全体の売上高からみれば揚げトンカツの売上高は10％もないですよね？　であるならば、「75％ルール」を使って税額計算をすれば、結果的に税負担が増えるということはありません。

肉屋　その…「75％ルール」っていうのは何ですか？

　簡易課税により仕入控除税額を計算する場合には、業種別に定められた6段階の仕入率を用いて計算することが原則です。

　ただし、特定一事業の売上高が全体の売上高の75％以上を占めるような場合には、計算の簡便化を図るために、その特定一事業の仕入率により税額計算をすることが認められています（消令57③一）。

　例えば、第一種事業の売上割合が80％で第二種事業の売上割合が20％の場合には、特定一事業（第一種事業）の売上割合が全体の75％以上を占めていますので、第二種事業の売上高についても90％の仕入率を適用することができるということです。

　また、3種類以上の売上高がある場合において、特定二事業の売上高の合計が全体の売上高の75％以上を占めるような場合には、売上高のうち、特定二事業以外の売上高については、その特定二事業のうち、低い方の仕入率を適用することができます（消令57③二）。

　例えば、第一種事業の売上割合が50％、第二種事業の売上割合が30％、第三種事業の売上割合が20％という売上構成になっている場合には、第一種事業と第二種事業の売上高の合計が全体の75％以上を占めていますので、売上高の内訳は第一種事業と第二種事業で構成されているものとして計算することができます。この場合には、第三種事業の売上高については、第二種事業の仕入率である80％を適用することができるということです。

　したがいまして、肉屋さんの場合には、仕入商品などの売上高が全体の75％以上を占めているのであれば、たとえ第三種事業に区分される揚げトンカツなどの売上高があったとしても、結果として、売上高全部について、第一種事業と第二種事業の仕入率を適用することができることになるわけです。

　ただし、この特例計算を適用するためには、前提条件として、第三種事業となる売上高を区分しなければならないということに注意する必要があります。

90 大工さんは第何種事業になる？

大工の八つぁんとトメさんが何やら雑談をしています。

八つぁん　今年の消費税の申告だけれども、あんたも簡易課税とか
　　いう方法で申告するんだろ？

トメさん　この間、商工会議所の説明会に行ってきたんだけれども、
　　建設業は第三種事業だから、売上高の70％が控除されて、結果、
　　売上高の３％が納める税金になるってハナシだぜ。

八つぁん　それなんだけれどもよ。俺の聞くところによると建設業
　　でも材料の無償支給を受けているような場合には、第四種事業に
　　区分されるんで税金が高くなるらしいんだよ。

トメさん　ということは、元請からの手間受けでやってる仕事なん
　　かは第四種事業になるってことなのかい？

八つぁん　一昔前までは注文建築なんかがあって、自分で材木を仕
　　入れて仕事をするなんてこともあったけれどもよ。最近は手間賃
　　仕事ばっかりで注文建築なんざとんとご無沙汰だもんな。

トメさん　大工道具を自分で調達していたら材料自前持ってこと
　　にはならねえのかい？

八つぁん　大工道具は「材料」じゃねえだろう。トンカチやノコギ
　　リも持ってねえ大工なんざ聞いたことがねえぞ。

トメさん　釘や接着剤を自腹で調達したらどうなんだい？　あれは
　　「材料」には違いねえんだから、第三種事業で申告できるんじゃ

あねえのかい？

八つぁん　どうだろう…俺は「材料」ってのは材木や鉄筋のことを
指すと思うけれどもね…。

　トメさんちょいと税務署に聞いてみちゃあくれねえかい？

　税務署の代りに筆者がお答えしましょう。

　まず、適用される仕入率についてですが、建設業は第三種事業に
区分されますのでみなし仕入率は70％となります。結果、10％の標
準税率で単純計算すると、納付税額は売上高の３％となります。

売上高×10％－売上高×10％×70％＝売上高×３％（納税額）

　この70％という仕入率は、材料を自己で調達している場合の統計値に基づいて設定されているものであり、材料の無償支給を受けているような場合には、70％の仕入率を適用することはできません。

　例えば、解体工事業なども建設業になりますが、解体工事の場合には「材料」がありませんので、売上高の中身はすべて加工賃ということになります。このような場合には、たとえ建設業であってもその売上高は第四種事業に区分され、60％の仕入率が適用されることとなりますので注意が必要です（消令57⑤三）。

　ここにいう「材料」とは、建設に必要な主たる材料をいいますので、トメさんの言うように、釘や接着剤などを自己で調達していたとしても、材料を自己で調達したことにはなりません。これらはあくまでも「加工資材」であり、売上高の中身は加工賃として第四種事業に区分する必要があるのです。

　ところで、建設業の場合ですが、建設業者が請け負った工事のすべてを下請業者に行わせる、いわゆる工事の丸投げについては、下請業者が材料を調達し、工事を行うことから下請業者はもちろん第三種事業となります。

　注意してほしいのは、この場合、工事を請け負った元請業者も第三種事業に該当するということです。

　これと同様のケースとして、商品の販売業者が顧客から特注品の注文を受け、外注先を使ってこれを製造させ、納品する場合には、外注先だけではなく、注文を受けた販売業者の売上げも原則として第三種事業に該当することになります。

91　宅配とテイクアウト

　　宅配ピザ屋の経営者同士が簡易課税制度のことで何やら話をして
います。

Ｐさん　飲食店は第四種事業に区分されるんで、みなし仕入率は
　　　60％になるらしいけれども、宅配の売上高っていうのはどうなる
　　　んだろう…？

Ｈさん　聞くところによると、ホカホカ弁当なんかは製造小売業っ
　　　てことで第三種事業になるらしいんだ。ということは、宅配の売
　　　上高も第三種事業でいいんじゃないのかな？

Ｐさん　でも、店内での飲食は第四種事業になるわけでしょ？　そ
　　　うすると、「宅配」っていうのは店内飲食の延長サービスってこ
　　　とになるんじゃないのかな？

Ｈさん　うちの店は宅配専門店だから店内飲食の設備がないんだよ。
　　　以前税務署に確認したときには宅配の売上高は全部第三種事業で
　　　いいって言われたんで毎年第三種事業で申告してるけれども何に
　　　も言われたことはないよ。

Ｐさん　うちは今年が開店して３年目だから消費税の申告は今回が
　　　初めてなんだ。Ｈさんのところが第三種事業で申告してるんだっ
　　　たら僕も宅配の売上高は第三種事業に区分して問題なさそうだね。
　　　ところで、コーラやウーロン茶みたいな仕入商品の売上高は第
　　　何種事業に区分しているの？

Ｈさん　仕入商品の販売だから第二種事業でいいんじゃないの？厳密に言えば事業者に販売した分は第一種事業に区分できるけれども現実問題として区分することはできないからね。僕は全部第二種事業に区分している。

Ｐさん　仕入商品の売上高は第二種事業、宅配の売上高は第三種事業、店内飲食の売上高は第四種事業ということか…。簡易課税とはいっても実際の事務処理を考えるとけっこう大変だ…。

　ちょっと待ってください！　宅配や出前による売上高は、Ｐさんの言うように店内飲食の延長サービスと考えますので、第三種事業

ではなく、第四種事業に区分することになります！　ただし、Hさんのお店のように宅配専門店の場合には、製造小売業の延長サービスと考えますので、宅配による売上高であっても例外的に第三種事業に区分することができるのです（消基通13-2-8の2㊟1～2）。

　また、コーラやウーロン茶のような仕入商品についてですが、店内でピザといっしょに提供するような場合には、仕入商品の販売ではなく、「店内における飲食物の提供」ということになりますので、仕入商品である飲物も含めた売上高の全体を第四種事業に区分することになります。

　ところで、宅配のピザ屋さんであっても、いわゆる「テイクアウト」の場合には事業区分が異なってきますので注意が必要です。

　飲食店業であっても、お持ち帰りによる売上高については、製造小売業として第三種事業に区分することができます。第三種事業に区分した方が当然に税負担は少なくなるわけですから、レジの記号を使い分けるなどの工夫をした上で、なるべく手間のかからないように事業区分をするべきでしょう。なお、本誌でも以前書きましたように、事業区分をしていない場合には、その区分をしていない売上高の中で最低の仕入率を適用して申告することとされています。

　したがって、ピザ屋さんが店内飲食とテイクアウトの売上高を区分していない場合には、売上高の全額を第四種事業に区分することとなりますので注意してください。

　接客業はもとより、お客様に好印象を持たれなければ、何の商売でもうまくはいきません。「お持ち帰りでしょうか？」と愛想良く一声かけるのが商売繁盛と節税の秘訣ではないでしょうか（笑）。

92 旅館業の業種区分

　Ｆさんの実家は由緒正しい温泉旅館です。現在は長男であるＦさんが実家の温泉旅館を引き継ぎ、次男のＧさんは駅の近くでビジネスホテルを経営しています。

Ｇさん　僕のところは今年から消費税の課税事業者になるんだけれども、旅館業ってのは第五種事業になるんだよね？

Ｆさん　旅館業のみなし仕入率は50％だから、単純計算で売上高の５％が納める税金ということだな。

Ｇさん　うちのホテルは朝食サービスもやってるんだけど、お客さんからもらう食事代は第四種事業でいいんだよね？

Ｆさん　実家の温泉旅館は一泊二食で○○円という料金設定だから、食事代と宿泊料が区分できないんだ。仕方がないんで昔から全部第五種事業で申告しているけどね…。

Ｇさん　料金設定を考えた方がいいんじゃあないの？　食事代を区分したほうが税負担は減るんだから、区分しなくちゃもったいないよ。

Ｆさん　温泉旅館の料金は昔から「一泊二食でいくら」と決まっているんだよ！　ビジネスホテルじゃあるまいし、節税のために料金設定を変えることなんてできないね。

Ｇさん　兄さんは頭が固いんだから…そんなこと言ってると時代に取り残されちゃうよ（笑）。

Fさん ところで部屋に備え付けてある冷蔵庫の売上高は第何種事業になるか知ってるか？

Gさん （自慢げに）仕入商品の販売だから第二種事業に決まってるじゃん。

Fさん （勝ち誇ったように）そうじゃないんだよ。あれは冷蔵庫に入っている飲み物をお客さんが部屋の中で飲むわけだから、飲食店業の売上高として第四種事業に区分しないといけないんだ。

Gさん （驚いて）ということは、廊下に設置してある自動販売機の売上高も第四種事業になるわけ？

Fさん それは第二種事業でいいらしいぜ。要は、お客さんが部屋の中で飲むのか外で飲むのかで事業区分が変わってくるということらしいんだ。

Gさん でも、廊下の自動販売機で買った飲み物を部屋に持ち込んで飲むこともあるでしょう。そんな時はどうすればいいんだろう

…？

Fさん　（少々呆れながら）そこまで考えなくてもいいんじゃない
のか？

　Fさんはさすがにお兄さんだけあって、事業区分についてちゃん
と理解しているようですね。

　まず、旅館業は第五種事業に区分されますのでみなし仕入率は
50％となります。一方、Gさんのビジネスホテルのように、宿泊料
金と食事代を明確に区分している場合には、食事代は第四種事業に
区分することができますので、みなし仕入率は60％を適用すること
ができます。

　これは、食事代と宿泊料金を明確に区分することが条件となって
いますので、実家の温泉旅館のように、食事代込みで料金設定をし
ているような場合には、その全額が第五種事業に区分されることに
なります（消基通13-2-8の2）。

　また、部屋に備え付けてある冷蔵庫の売上高は、Fさんの言うよ
うに飲食店業の売上高として第四種事業に区分することになります。

　一方、廊下に設置してある自動販売機の売上高は、仕入商品の販
売として第二種事業に区分することができるようです。

　セルフサービスの食堂の場合には、食堂の中に設置してある自動
販売機の売上高は第四種事業に、路上に設置してある自動販売機の
売上高は第二種事業に区分するということです。

　変てこな話なのですが、自動販売機の設置場所で事業区分が変
わってくるということですね（笑）。

93　テナントの業種区分

　Ｊさんはデパートに入店し、貴金属の販売業を営んでいますが、仕入先の担当者であるＫさんに対し、簡易課税の業種区分のことで何やら質問をしています。

Ｊさん　私は今年から消費税の課税事業者になるんですけれども、商品の売上高はデパートのお客さんに販売したものですから第二種事業でいいんですよね？

Ｋさん　デパートとの契約内容はどうなっているのかしら？

Ｊさん　契約内容によって事業区分が変わることもあるんですか？

Ｋさん　例えばデパートに手数料を支払って販売スペースを借りているような場合には、Ｊさんの売上高は一般のお客さんに対するものだから第二種事業に区分することになるわよ。

　一方、テナントの売上げをデパートの売上げと認識する形態、いわゆる「消化仕入れ」という契約になっている場合には、商品が売れる都度、Ｊさんはデパート経由で商品を売っていることになるわけだから、その売上げはデパート、つまり事業者に対するものとして第一種事業に区分することができるのよ。

Ｊさん　私の銀行口座にはデパートから売上高の10％を差し引いた金額が毎月入金されるんですけど…それだけだと判らないですよね。契約書をもう一度確認してみることにします。

ポイント

　Kさんの言うように、テナントの事業区分を考える場合には、ま
ず、デパートとの契約形態を確認する必要があります。

　例えば、定価10,000円の商品をお客さんに販売する場合ですが、
テナントが売上げとして計上する金額とその事業区分は、テナント
とデパートとの契約形態に応じて次のように扱われます。

①　テナントが仕入商品を店舗で販売する都度、定価の10％を手
　　数料としてデパートに支払う契約の場合には、テナントの売上
　　高は10,000円となり、その売上高は第二種事業に区分されます。

　　この場合、販売店舗はテナントが独立して経営していること
　　になります。

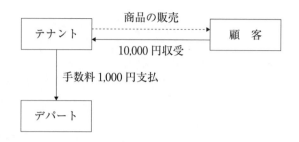

②　テナントの仕入商品を店舗で販売する都度、デパートがテナ
ントからその商品を定価の10%引きの価格で買い取る旨の契約
がされている場合には、テナントの売上高は9,000円となり、
その売上げはデパート（事業者）に対するものですから第一種
事業に区分されます。この場合、販売店舗はデパートが経営し
ているものと認識し、テナントの販売員がデパートの店員とし
て顧客に対し商品を10,000円で販売したものと考えます。

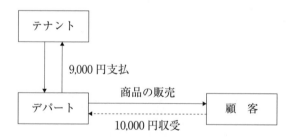

③　委託販売契約により、デパートの仕入商品をテナントが店舗
で販売する都度、デパートが定価の10%を手数料としてテナン
トに支払う契約の場合には、テナントの売上高（手数料収入）
は1,000円となり、その売上げは第四種事業に区分されます。
委託販売による手数料収入は、サービス業（第五種事業）では
なく、第四種事業となることに注意してください。

94 不動産業の業種区分

　不動産会社に税務調査がありました。この不動産会社は簡易課税制度の適用を受け、消費税の申告をしていたのですが、事業区分について、どうやら調査官と意見の食い違いがあるようです。

社長　建売住宅は工務店が建てたものを買い取って売ってるんだから仕入商品の販売になるハズだ！

　　これが何で第三種事業になるんですか（怒）。

調査官　工務店が建てたといっても出来合の建物を購入したワケじゃないでしょうが…。

　　社長さんが間取や予算を提示して工務店に作らせたわけですから、これは建設業の売上げで第三種事業になるんですよ。

社長　でも、私の知り合いの不動産会社では中古マンションの売上高は第二種事業に区分してるって聞きましたよ。

調査官　出来合の建物を仕入れて販売している場合には、まさに仕入商品の販売ですから、第一種事業あるいは第二種事業に区分しても何ら問題ありません。でも、お宅の会社の場合には建物を建築して販売しているんです。仕入商品の販売ではありませんから、第一種事業や第二種事業に区分することはできないんですよ。

社長　たとえ出来合の建物だって最初はどこかの工務店が作ったんでしょうが…。建築時期が違うから事業区分が変わってくるってのは、私にはどう考えても納得できませんな！

調査官 （イライラしながら）ですから、さっきから言っているようにお宅の場合には工務店に指示して作らせてるから第三種事業になるんです！　自社で作ろうが、工務店に作らせようが、それによって事業区分が変わるものではありません！

ポイント

　残念ながら調査官の言ってることのほうが正しいようですね。

　不動産業者が建売住宅を建築する場合には、調査官の言うように、工務店に間取などを指示して作らせるケースが多いと思います。

　この場合には、いわば外注先を使って建物を建築することになりますので、これを仕入商品の販売とすることはできません。建設業の売上げとして第三種事業に区分することになるのです。

　ところで、建物の売上高であっても、出来合のものを仕入れて販売する場合には、その売上高は、仕入商品の販売として、購入者が事業者であれば第一種事業に、購入者が消費者であれば第二種事業に区分することができます。

　注意したいのは、中古物件を仕入れて販売する際に、壁や床の張り替えなど、いわゆるリフォームをしたうえで販売する場合には、仕入商品の性質や形状を変更したことになりますので、その売上高は第三種事業に区分しなければならないということです。

　簡易課税を適用する規模の事業者が、新築物件を購入して転売するということは、現実問題としてまずあり得ないと思われます。中古物件を安く購入して、これをリフォームしたうえで転売するケースが一般的でしょう。

　そう考えますと、建物の売上高で、第一種事業あるいは第二種事業に区分できるケースというのはほとんどないようにも思われます。

　なお、不動産業は簡易課税の事業区分では「第六種事業」と規定されているのですが、不動産業の売上高がすべて第六種事業となるわけではありません。「第一種事業から第三種事業まで、および第五種事業のいずれにも該当しないもの」という前提の下に「不動産業の売上高が第六種事業に該当する」と定められていますので、実際には不動産売買の仲介手数料や不動産の管理による収入、貸店舗や貸事務所の家賃収入などが第六種事業に区分されることになります。

95 簡易課税の拘束期間

　不動産賃貸業を営むＬさんは消費税の課税事業者ですが、今年中に貸店舗が完成する予定であったことから、消費税の還付を受けるべく、昨年中に工務店と建築請負契約を締結するとともに、「簡易課税制度選択不適用届出書」を提出しました。

　予定どおり店舗も完成し、準備万端、後は年明けの確定申告で消費税の還付を受けるだけとなっています。

　Ｌさんは、知り合いのＮさんの経営する法人が本社ビルを新築する際に、「簡易課税制度選択不適用届出書」の提出を忘れて消費税の還付を受け損なったという話を耳にしていましたので、届出書の提出についてはことさら慎重になっていたのです。

　Ｌさんは、簡易課税を採用したら２年間は継続適用しなければならないということも聞きました。

　「簡易課税制度の適用を受ける場合には、２年先の設備投資予定まで視野に入れた上で届出書の提出を考えないと大変なことになってしまう」

　Ｎさんが深刻な面持ちで話していたことが頭から離れません。

　「簡易課税は２年間継続か…。ということは、今年と来年分を原則課税で申告すれば、再来年からはまた簡易課税が使えるわけだ」とＬさんは考えています。

　「再来年から再び簡易課税制度の適用を受けるためには、『簡易課

税制度選択届出書』は来年中に忘れずに提出しておかないと…」

来年以降の準備についても怠りないようなのですが、果たしてどう

なのでしょう…？

簡易課税制度の最大のデメリットは、どんなに多額の設備投資が

あったとしても、絶対に還付を受けることはできないということで

す。したがって、簡易課税適用事業者が消費税の還付を受けようと

する場合には、Ｌさんのように「簡易課税制度選択不適用届出書」

を設備投資などがある課税期間が始まる前までに提出しておく必要

があるわけです。

　また、Ｎさんのお話にもあったように、簡易課税制度の適用を受

けた場合には、2年間の継続適用が義務付けられていることにも注意が必要です。

ただし勘違いしないでください。2年間の継続適用というのは、あくまでも簡易課税の適用を受けた場合についてだけ義務付けられているのであって、原則課税に切り替えたときについてまで、原則課税を2年間継続適用する必要はないのです！

＜「簡易課税制度選択届出書」の効力＞

「簡易課税制度選択届出書」は、いったん提出すると、納税義務があろうがなかろうが、半永久的にその効力は存続することとされています。

例えば、簡易課税適用事業者が免税事業者となり、その後再び課税事業者となるような場合には、免税事業者となる時点での「簡易課税制度選択不適用届出書」の提出および再び課税事業者となった時点での「簡易課税制度選択届出書」の提出は必要ありません。

また、簡易課税制度の適用を受けていた事業者については、原則課税に切り替えて消費税の還付を受けたとしても平成22年度改正法は適用されませんので、原則課税が3年間強制適用される心配もありません。

ただし、繰り返しになりますが、簡易課税の適用を受けている限りは「絶対に還付を受けることはできない」ということを忘れないでください。

＜高額特定資産を取得した場合の納税義務の免除の特例＞

本則課税の適用期間中に高額特定資産（税抜金額が1,000万円以

上の棚卸資産と固定資産）を取得した場合には、たとえ平成22年度改正法の適用を受けない場合であっても、いわゆる「３年縛り」が強制されることとなりますのでご注意ください（消法12の４・37③、消令25の５）。

　したがって、Ｌさんの取得する貸店舗の取得価額が1,000万円以上の場合には、22年度改正法による「旧３年縛り」は適用されないものの、28年度改正法による「新３年縛り」が適用されることになります。

　結果、「簡易課税制度選択届出書」は再来年以降でなければ提出できないことになりますので、再来年までの３年間は、原則課税が強制適用されることになるのです。

オマケ編

　毎年の税制改正に追われ、一般企業も会計事務所も大変です。

96　中間申告

とある会社の主任同士の会話です。

主任B　中間申告はいつごろから毎月するようになったんだろう？
昔は年に３回だけでよかったような気がするんだけど…。

主任A　中間申告は直前期の確定税額がどれ位かということで申告
回数や申告金額が変わってくるんだよ。直前期の確定税額が多く
なればなるほど申告納付の回数も増えてくる。

　うちの会社はここ数年間で業績が倍増したからね。これに連動
して前払いする税金も増えたということだ。

主任B　業績が悪くなったときはどうするんだろう…こんな時でも
情け容赦なく直前期の確定税額をベースに前払いするのはつらく
ないか？

主任A　仮決算をすればいいんだよ。うちの会社はまだやったこと
がないけど、当期の実際の売上高や仕入高を基に中間納付額を計
算することも認められている。資金繰りが厳しい時には必要にな
るかもしれないね。

主任B　事業年度の途中から仮決算に切り換えてもいいのかな？

主任A　事業年度中に統一適用する必要はないみたいだよ。だから
基本は前期の実績で中間申告をしておきながら、資金繰りが厳し
いときだけ仮決算を組めばいいんだよ。

　どうせ確定申告で精算するわけだしね。

＜中間申告制度＞

　中間申告は、直前期の確定税額により、申告回数と申告金額が異なっています（消法42）。

　まず、直前期の確定消費税額（国税）が4800万円を超える規模の場合には、課税期間中に延11回の申告納付が義務づけられており、これを「一月中間申告」といいます。

　次に、直前期の確定消費税額が400万円を超え、4800万円以下の場合には、課税期間中に３回の申告納付が義務づけられており、これを「三月中間申告」といいます。

　さらに規模が小さくなり、直前期の確定消費税額が48万円を超え、400万円以下の場合には、法人税と同様に課税期間中に１回だけ中

間申告が義務づけられており、これを「六月中間申告」といいます。

　なお、直前期の確定消費税額が48万円以下の場合には、中間申告は不要となります。

　Ａさんの言うように、中間申告は前期実績と仮決算による方法のいずれかを任意に選択することができます。また、申告期限までに中間申告書の提出がない場合には、前期実績による中間申告書の提出があったものとみなされますので、納税さえ済ませておけば、無申告加算税が課される心配はありません（消法44）。

＜中間申告による還付＞

　前払いした中間申告納付税額は確定申告で精算されるわけですが、課税期間中の確定税額よりも前払いした中間納付税額の方が多い場合には、納めすぎた中間納付額は当然に還付されます（消法53）。

　ただし、仮決算の結果還付になった場合には、この還付額は確定した税額ではありませんので還付を受けることはできません。その代わり、中間申告書を期限内に提出することにより納税は不要となります（消基通15-1-5）。

＜期間短縮をしている場合＞

　課税期間を短縮している事業者は、一月短縮か三月短縮かに係わらず、中間申告はいっさい不要とされています。例えば、一月中間申告の適用対象事業者が課税期間を３カ月に短縮している場合にも、中間申告は必要ありません。

97　罰則規定の強化

会計事務所の職員同士の会話です。

Qくん　消費税の還付請求に関するトラブルはいまだに減らないみたいだね。

Rくん　税理士賠償責任保険の事故件数をみても、消費税が相も変わらずのダントツトップだものね。還付請求に関する事故も相当数あるんだろうね。

Qくん　そういえば平成22年度改正で国税三法と消費税の罰則規定が強化されたらしいんだけど、その後の改正で、さらに還付未遂も処罰することになったらしいんだ。

Rくん　未遂でも悪質な事案は告発するということだね。もっとも、罰則が適用されるような事案は告発が前提になるわけだから、相当に悪質な場合じゃなければ関係ないわけだ。僕らが関与するような案件は、通常は修正申告か更正処分で終わりになるから「そんなの関係ねえ」って感じかな。

Qくん　そういえば最近消費税の滞納に関する取り締まりが妙に厳しくなったような気がするんだよね。前は1回滞納したくらいだったら何も言ってこなかったのに、最近は滞納するとすぐに税務署から電話がかかってくるらしいんだ。税務署から呼び出しを喰らったお客さんが嘆いてたよ。

Rくん　景気が悪いからどうしても資金繰りに使っちゃうんだよね。

銀行も簡単にはお金貸してくれないし、「もう夜逃げするしかない」ってM社の社長が冗談半分に言っていた。

Qくん　源泉税みたいに毎月払うような制度があればいいのにね。慣れるまでは大変だろうけど、源泉税だって毎月払っているわけだから、中小企業でも選択で月次納付を認めたらどうかと思うんだ。

Rくん　確かにそうだよね。滞納も確実に減るだろうから徴収職員の事務負担だって軽減できる。正に一石二鳥のアイデアだ！

　平成24年8月10日に成立した改正消費税法では、小規模事業者の滞納予防策として、選択による消費税の前納（中間申告納付）を認めることとしました（消法42⑧）。

　直前期の年税額（国税）が48万円以下の事業者は、中間申告義務はありません。このような場合であっても、希望により、六月中間申告による前納を認めるというものです。このような制度が新設されたことは大変に喜ばしいことなのですが、できることならば、六月中間申告だけでなく、Ｑくんの希望するように、一月中間申告の選択についても認めてほしいという思いがあります。

　消費税は、地方消費税も含め、１％で約2.8兆円の税収がありますので、これを諸外国並みに引き上げれば、所得税や法人税などとは比べものにならないくらいの税収アップが期待できるわけです。

　しかし、いくら税率を引き上げても滞納が増えたのでは意味がありません。単に「絵に描いた餅」で終わってしまいます。

　そこで、今のうちから消費税の滞納については特に取り締まりを厳しくし、さらには罰則規定も強化することにより、消費税に対する納税者の意識を変えさせようとしているように思えるのです。

　税金の滞納は当然に許されることではありません。ただ、景気の停滞する最中、税の転嫁もままならない中小事業者にとっては消費税の納税は相当に負担になるのもまた事実です。

　下請業者は従来の取引慣行を払拭し、毅然とした態度で元請と対峙する必要があるように感じています。

　消費税は競争原理の中で転嫁するものですから、預り金的性格はあるものの、源泉税とは本質的に異なります。

　消費税は断じて預り金ではありません！　滞納に関する特効薬はただ一つ「景気の回復！」これしかないのです。

［著者略歴］

熊王　征秀（くまおう・まさひで）

昭和37年、山梨県生まれ。昭和59年、学校法人大原学園に税理士科物品税法の講師として入社し、在職中に酒税法、消費税法の講座を創設。平成4年、同校を退職し会計事務所勤務。平成6年、税理士登録。平成9年、独立開業。
現在、東京税理士会会員相談室委員、東京地方税理士会税法研究所研究員、日本税務会計学会委員、大原大学院大学教授

著書

「消費税インボイス対応要点ナビ」（日本法令）、「不動産の取得・賃貸・譲渡・承継の消費税実務」「クマオーの基礎からわかる消費税」（以上、清文社）、「消費税の納税義務者と仕入税額控除」（税務経理協会）、「消費税トラブルの傾向と対策」「クマオーの消費税トラブルバスター」（以上、ぎょうせい）、「10％対応　消費税の軽減税率と日本型インボイス制度」「消費税の『還付請求手続』完全ガイド」「すぐに役立つ　消費税の実務Q＆A」（以上、税務研究会）、「タダではすまない! 消費税ミス事例集」（大蔵財務協会）、「消費税法講義録」「消費税の申告実務」「実践消費税法」「消費税法ゼミナール」、（以上、中央経済社）他共著多数

令和5年版
再確認！自分で「チェック」しておきたい消費税の実務

令和5年10月10日　初版印刷
令和5年10月24日　初版発行

不　許
複　製

著　者　熊　王　征　秀

（一財）大蔵財務協会　理事長
発行者　木　村　幸　俊

発行所　　一般財団法人　大　蔵　財　務　協　会
〔郵便番号　130-8585〕
東京都墨田区東駒形1丁目14番1号
（販　売　部）TEL03（3829）4141・FAX03（3829）4001
（出版編集部）TEL03（3829）4142・FAX03（3829）4005
https://www.zaikyo.or.jp

落丁・乱丁はお取替えいたします。
ISBN978-4-7547-3166-3

印刷　三松堂